中职数学建模

主　编　王惊涛
副主编　罗静妮

吉林大学出版社

·长　春·

图书在版编目(CIP)数据

中职数学建模 / 王惊涛主编. —长春:吉林大学
出版社,2020.3

ISBN 978-7-5692-6086-1

Ⅰ.①中… Ⅱ.①王… Ⅲ.①数学课—中等专业学校
—教材 Ⅳ.①G634.601

中国版本图书馆 CIP 数据核字(2020)第 014893 号

书 名	中职数学建模	
	ZHONGZHI SHUXUE JIANMO	
作 者	王惊涛 主编	
策划编辑	樊俊恒	
责任编辑	樊俊恒	
责任校对	张文涛	
装帧设计	右序设计	
出版发行	吉林大学出版社	
社 址	长春市人民大街 4059 号	
邮政编码	130021	
发行电话	0431−89580028/29/21	
网 址	http://www.jlup.com.cn	
电子邮箱	jdcbs@jlu.edu.cn	
印 刷	杭州良诸印刷有限公司	
开 本	787mm×1092mm 1/16	
印 张	6.25	
字 数	110 千字	
版 次	2020 年 3 月 第 1 版	
印 次	2020 年 3 月 第 1 次	
书 号	ISBN 978-7-5692-6086-1	
定 价	28.00 元	

前　言

　　近年来,国际数学界对数学建模竞赛及数学建模课堂教学越来越重视.自1985年在美国举行第一届数学建模竞赛以来,各国对该项赛事的关注度越来越高.第一届数学建模竞赛,只有美国70所大学的90支代表队参加,但到了2015年,参赛队伍有美国、中国、英国、澳大利亚、中国香港等19个国家和地区的9 773支代表队,参赛队伍遍及五大洲,该项赛事着重强调研究问题、解决方案的原创性、团队合作、交流以及结果的合理性.赛题内容涉及经济、管理、环境、资源、生态、医学、安全、未来科技等众多生活领域,对于我们利用数学知识解决实际问题有着巨大的推动作用.

　　在中学数学教育阶段,问题解决(problem solving)也已经成为各国的热点.日本早在1994年就把提高问题的解决能力纳入了《中小学课程改革方案》;美国则认为问题解决是一切数学活动的组成部分,是中学数学课程的核心;英国把问题解决(包括应用数学于日常情景、探究工作)作为数学教学活动的六种教学活动之一;俄罗斯则在高水平高中数学教育标准中提出,会用数学模型解决常规和非常规问题.在第六届国际数学教育大会上,与会者达成了共识——"问题解决、模型化和应用必须成为从中学到大学所有的数学课程的一部分".

　　在中国,数学建模竞赛的数量与规模不断增加,类型日趋完善:既有适合大学生和研究生参加的数学竞赛,也有高中生和中职生参加的数学竞赛.这些竞赛项目都在一定范围内产生了不小的影响.同时,数学建模活动与国际数学竞赛逐渐接轨,每年都有很多大学的代表队参加美国大学生数学竞赛,并取得了不错的成绩.在课堂教学方面,也出现了一批优秀的学者,对数学建模如何融入课堂教学进行了深入的研究,尤其是把数学建模活动的开展放进了最新的高中数学教学大纲之中.但是中职现行的教学大纲对数学应用能力的培养缺乏整体性思考,现行教材中的应用题的选编缺乏对建模能力的培养,从而导致很多学生遇到实际生活问题不会用数学的抽象知识去解决,更加不会用数学的眼光去看待问题,因此,把数学建模的知识渗透到现行的教材中去是很有必要的,在中职阶段开展

数学建模的选择性课程对学生也是很有帮助的.令人高兴的是,相关决策部门已经意识到这个问题,2014年11月12日,浙江省教育厅下发了《浙江省中等职业教育课程改革方案》,正式启动全面深化中等职业教育课程改革.浙江信息工程学校作为第一批试点学校,推出了一定数量的自由选修课.2016年,我校开始开设《中职数学建模》公共选修课.经过两年多的教学实践证明,有意识地对学生进行数学建模知识的教学实践,让学生动手搜集、整理、查阅资料,获得数据,再让学生进行讨论、思考、分析,然后尝试建立数学模型的过程,能够帮助学生理论联系实际,提高数学学习的兴趣,提升学生应用数学的意识和增强学生的创新能力.

　　本书共九讲,选取了符合中职生知识水平的九个内容,分别是一次函数模型、反比例函数模型、二次函数模型、指数函数模型、数列模型、三角模型、排列组合概率模型、不等式模型和线性规划模型.

　　本书注重数学应用意识的培养,每讲都从实际出发,利用实例展开有关知识的讲解,从而提高学生学习数学的兴趣,让学生感觉到数学不等同于算术,而是在日常生活中有广泛的应用,学习数学是为了用数学.

　　在编写教材时,尽管我们做了很大的努力使数学简单化、生活化,但数学毕竟包括很深的理论,学好数学不是一朝一夕的事情,希望同学们能下一番功夫,并喜欢上数学.由于编者水平有限,教材中一定会有一些不妥之处,恳请大家多提宝贵意见和建议,以便我们继续努力,不断完善.

编　者

2019年5月

目　　录

第一讲　开车与一次函数模型

情境 1

2017 年 9 月,初中生小张通过中考,正式被本地一所国家级重点职业学校录取.开学当天,小张的爸爸开车带小张去学校报到.在高速上,小张坐在副驾驶的位置上发现汽车始终是以 100km/h 的速度匀速行驶.试根据以下情形建立相应的函数模型.

问题 1

不考虑其他情况,试写出汽车在高速上行驶的总路程 s 与行驶的时间 t 之间的函数关系,并作图.

分析

在初中时,我们学过正比例函数和一次函数的模型,路程与速度、时间之间的关系式是路程＝速度×时间,由此可知,该函数是正比例函数.同时,应当考虑时间的范围.

解:根据题意,可得

$$s = 100t \quad (t \geqslant 0).$$

由题意可知,该函数的图象是如图 1-1 所示的一条射线.

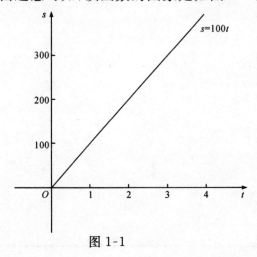

图 1-1

提示:
　　同学们可以尝试用计算机软件作出函数的图象,该函数图象就是利用 Graph 软件作出来的,该软件简单易懂,上手快,易操作.

小张家离高速入口的距离为 10km,高速出口到学校的距离为 5km,试写出从家到学校,汽车行驶的总路程 s 与汽车在高速上行驶的时间 t 之间的函数关系,并在图 1-2 处作图.

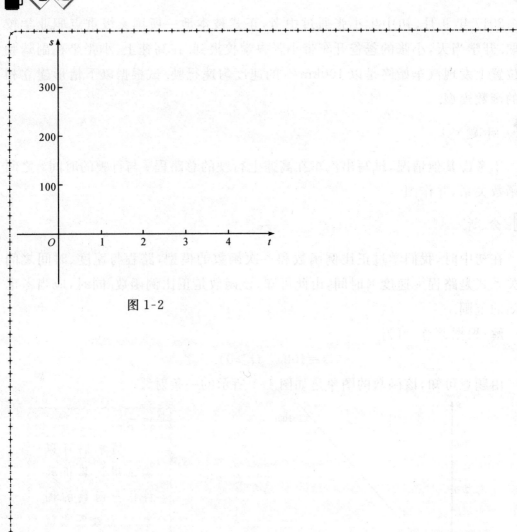

图 1-2

 问题 3

假设小张他们不走高速,先用半小时行驶了 30km,发现快没油了,进加油站加油花费了 5min,之后的 30km 行驶了 45min,试写出小张从家到学校,汽车行驶的总路程 s 与汽车行驶的平均时间 t 之间的函数关系,并在图 1-3 处作图.

 笔记

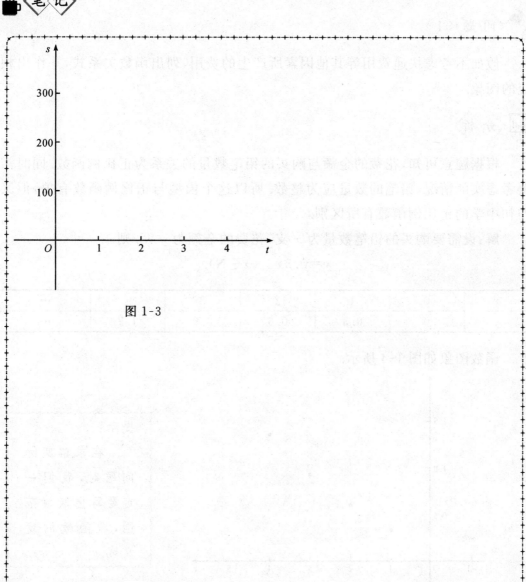

图 1-3

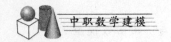 情境 2

进入学校后,小张对新学期、新学校充满了无限的憧憬.晚上,他便兴致勃勃地准备起学习用品来,先连接网络,通过互联网购买学习用品,他先想到的是买铅笔,打开某购物网站,发现一支 HB 铅笔的售价是 0.3 元,试建立函数模型计算购买铅笔所花费的金额与购买支数之间的关系.

 问题 1

假如不考虑快递费用等其他因素所产生的费用,列出函数关系式,并作出相应的图象.

 分析

根据题意可知,花费的金额与购买的铅笔数量的关系为正比例函数.同时需要考虑实际情况,铅笔的数量应为整数.所以这个模型与正比例函数有关,但又与初中学的正比例函数有所区别.

解:设需要购买的铅笔数量为 x 支,花费的金额为 y 元.则

$$y = 0.3x \quad (x \in \mathbf{N}).$$

x	0	1	2	3	4	...
y	0	0.3	0.6	0.9	1.2	...

函数图象如图 1-4 所示.

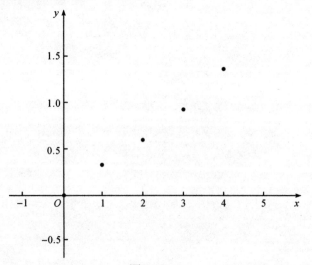

图 1-4

提示:

在求解实际问题时,我们一定要写出取值范围,即函数的定义域.

可见,该函数的图象是由$(0,0),(1,0.3),(2,0.6),(3,0.9),(4,1.2),\cdots$无数个离散的点所构成的.

假如卖家需收取快递费用,一次性收取8元.请列出函数关系式,并在图1-5处作出相应的图象.

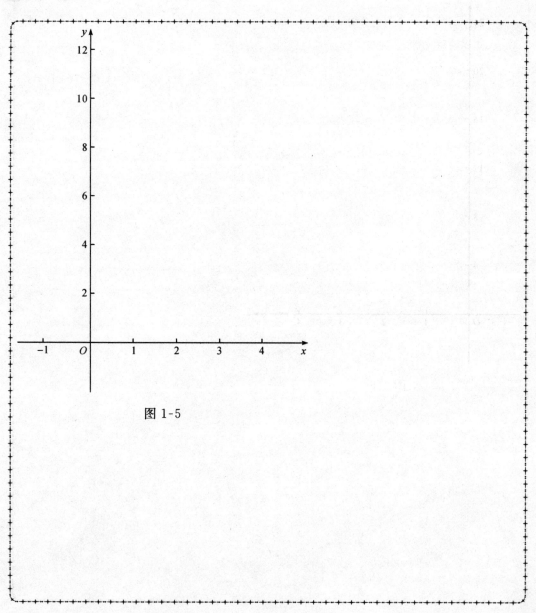

图 1-5

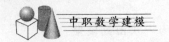

问题 3

假如卖家收取的快递费用与购买的数量相关,不多于 10 支的,一次性收取快递费 8 元,多于 10 支的,一次性收取快递费 16 元.列出函数关系式,并在图 1-6 处作出相应的图象.

 笔 记

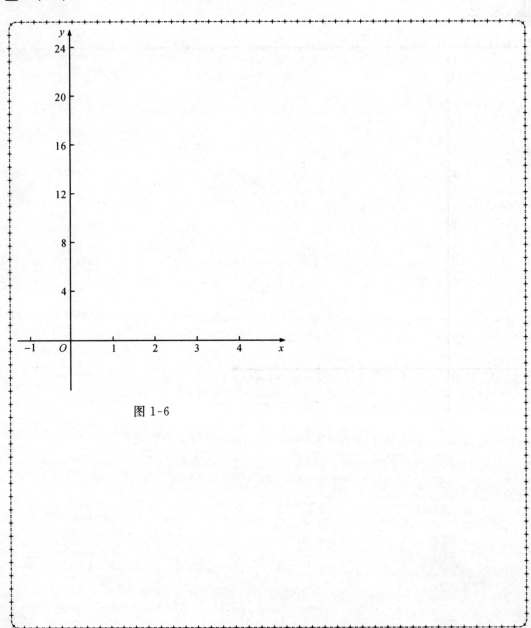

图 1-6

(1)一次函数的解析式为 _____.

(2)一次函数的定义域为 _____.

(3)一次函数的单调性为 _____.

(4)一次函数的对称性为 _____.

评价说明:这是你对自己学习本单元后的评价,只需在相应的星数下面打√,一颗星(★)表示在学习后仍有很多的困惑;两颗星(★★)表示一些知识能懂,但是还有一些知识不懂;三颗星(★★★)表示本单元知识已没有任何疑问.

指　标	★	★★	★★★
概念的理解			
情境1			
情境2			

本节的困惑:

_____

学后的感受:

_____

_____

A 组

1.某种茶杯的单价为8.8元,求买茶杯个数和需要付款金额之间的函数关系.

2.某种产品每吨售价200元,求这种产品销售总收入与销售量之间的函数关系.

3.某商店有空调10台,每台2 000元,求售出台数与收款之间的函数关系.并画

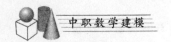

出这个函数的图象,求它的值域.

4. 某商店进手机 100 部,每部售价 3 000 元,求收款与售出手机部数之间的函数关系.

5. 已知某食品 5kg 价格为 20 元.求该食品价格与质量之间的函数关系,并求 8kg 该食品的价格是多少元.

B 组

1. 某城镇打市内电话按时收费,收费办法:3min 内(含 3min)收 0.2 元,以后每加 1min 加收 0.1 元.根据收费办法,求电话费与通话时间之间的函数关系.

2. 某水果批发站以 100kg 为批发起点,每 100kg 40 元,100~1 000kg 按 8 折优惠;1 000~5 000kg,超过 1 000kg 的部分按 7 折优惠;5 000~10 000kg,超过 5 000kg 的部分按 6 折优惠;超过 10 000kg,超过的部分按 5 折优惠.试写出销售额与销售量之间的函数关系.

3. 为加强公民的节水意识,某城市制定了以下用水收费标准:每户每月用水未超过 7m³,每立方米收费 1 元并加收 0.2 元的城市污水处理费;超过 7m³ 的部分每立方米收费 1.5 元并加收 0.4 元的城市污水处理费.试求每户每月水费与每月用水量之间的函数关系.

4. 《中华人民共和国个人所得税法》最新规定,公民全月工资、薪水所得不超过 5 000 元的部分不必纳税,超过 5 000 元的部分为全月应纳税所得额.此项税款按下表分段累计计算:

全月应纳税所得额	税率(%)
不超过 3 000 元部分	3
超过 3 000 元至 12 000 元的部分	10
超过 12 000 元至 25 000 元的部分	20

试写出某人每月工资 x 元与每月应纳税额 y 元之间的函数关系式.

拓 展

数学函数图象绘制软件 Graph 的介绍

Graph 是一款开源类的函数图象绘制软件. 它不仅能根据函数绘制其图象,还能够绘制曲线上的切线、法线和阴影等. 除了绘制功能,它还具有计算功能,包括曲线长度、面积等的计算. 下面介绍一下如何使用 Graph 绘制函数图象.

第一步,打开 Graph 软件,进入软件的操作界面,如图 1-7 所示.

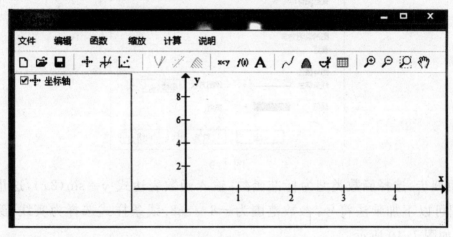

图 1-7

第二步,通过双击操作界面左侧"坐标轴"选项,或者执行菜单中"编辑|坐标轴"命令找到"编辑坐标轴"选项卡,用户可以根据自己的需要来设置坐标轴. 这里设置 x 轴坐标大小为 $-9\sim+9$,y 轴坐标为 $-1\sim+1$. 具体结果如图 1-8 所示.

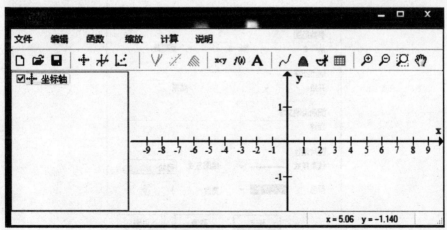

图 1-8

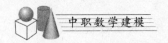

第三步,选择绘制的函数是正弦函数 $y = \sin(2x)$. 执行菜单中的"函数|插入函数"命令,得到如图 1-9 所示的"插入函数"选项卡. 在此选项卡中,有函数类型、函数方程式和参数范围等选项.

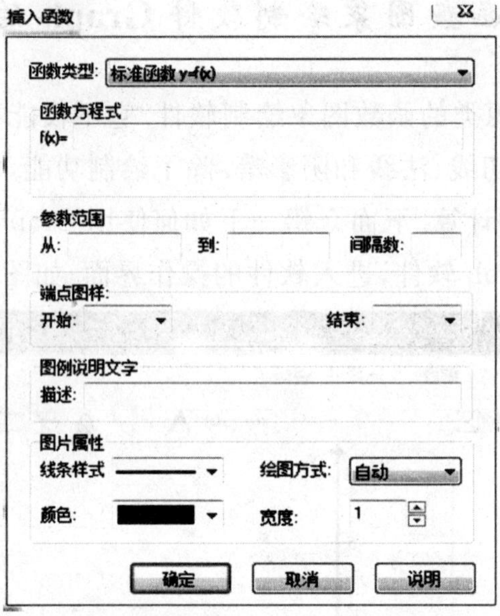

图 1-9

第四步,选择函数类型为标准函数,输入函数表达式 $y = \sin(2x)$,这里 2 与 x 之间可以不加乘法符号,参数范围为 $-8 \sim +8$. 线条样式选择为实线,颜色为黑色,如图 1-10 所示.

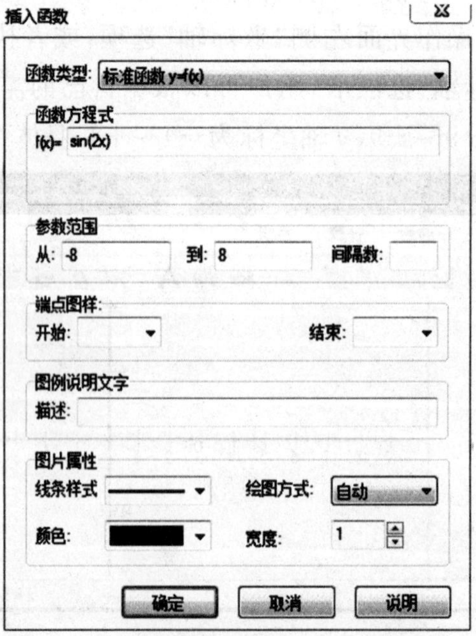

图 1-10

第五步,单击选项卡中的"确定"按钮,即可得到如图 1-11 所示的结果.

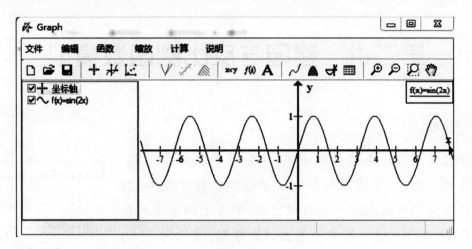

图 1-11

第六步,我们也可以绘制没有坐标轴的函数图象.具体做法是将界面左侧"坐标轴"选项中的对号勾去,结果如图 1-12 所示.

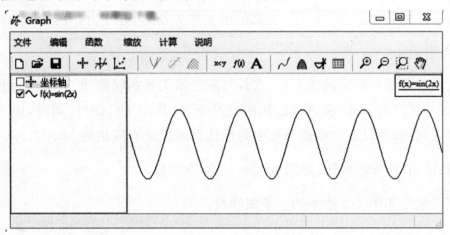

图 1-12

第七步,所得到的图形可以保存为 Graph 图象格式或其他图象格式,执行"保存"命令,在"文件"菜单下可以找到.

第二讲　建园与反比例函数模型

 情境 1

学校的兴趣小组招募新成员,小张从小就对小发明、小制作感兴趣,于是他报名参加了学校的科技小组.科技小组正准备用材料围建一个面积为 60 平方米的矩形科技园 $ABCD$(见图 2-1),其中一条边 AB 靠墙,墙长为 12m,设 AD 的长为 xm,DC 的长为 ym.

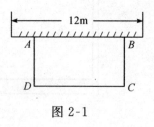

图 2-1

问题 1

若不考虑其他因素,求 y 与 x 之间的函数关系式,并作出相应的函数图象.

分析

这是一个面积固定的长方形,求长与宽之间关系的问题.长方形的面积公式为:面积＝长×宽.所以在 AD 已知的情况下,计算出 DC 即可.同时,由于 x 是有范围限制的,所以这个函数与初中的反比例函数是有区别的.

解: 由 $AD=x$,$y=60$,得到 $y=\dfrac{60}{x}$　$(0<x\leqslant 12)$.

其图象为如图 2-2 所示的一条曲线段.

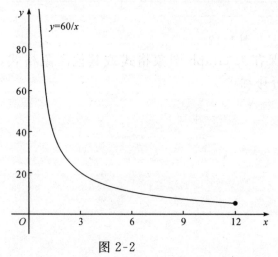

图 2-2

> 提示:
>
> 由于 $0<x\leqslant 12$,所以这个函数的图象并不是我们熟悉的双曲线,而只是其中一支的一部分.

若围成矩形科技园 $ABCD$ 的三边材料总长不超过 26m,材料 AD 和 DC 的长都是整米数,求出满足条件的所有围建方案.

笔记

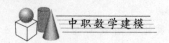

问题 3

在图 2-3 处画出问题 2 中任意一种围建方案的图象.

笔记

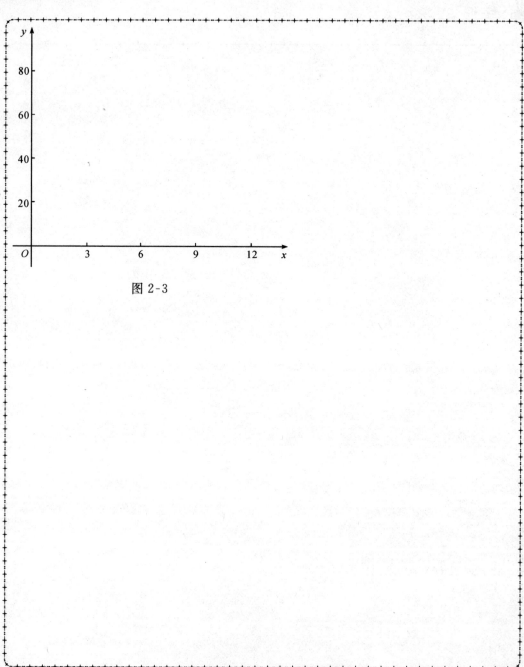

图 2-3

 情境 2

　　第 2 年 5 月,小张所在的科技小组经过 2 个月的艰苦训练,参加市创新创业的比赛并获得了一等奖,可以代表学校参加省赛. 在暑假里,科技小组也要留在学校训练,由于寝室中没有空调,于是学校想在暑假来临之前把空调安装好,经过沟通,空调厂的装配车间计划用 2 个月时间(每月以 30d 计算),每天组装 10 台空调. 这样正好可以把所有的寝室都安装好.

 问题 1

　　从组装空调开始,每天组装的台数 y(单位:台/d)与组装的时间 x(单位:d)之间有怎样的函数关系?

 分析

　　根据每天装 10 台,2 个月完成,可知学校总共需要装 600 台空调.

　　解:学校总共需要装空调:$10 \times 2 \times 30 = 600$(台),

　　所以该函数关系为 $y = \dfrac{600}{x}$　$(x \in \mathbf{N}, x \leqslant 600)$.

 问题 2

　　作出问题 1 中的函数图象.

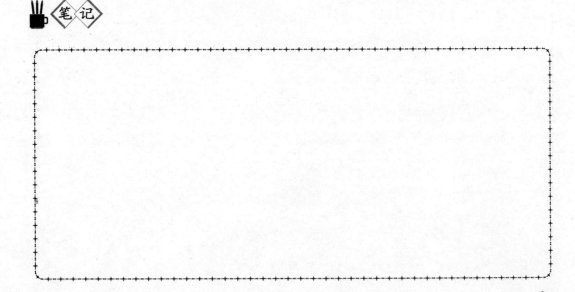 笔记

 问题 3

由于气温提前升高,厂家决定这批空调提前 10 天上市,那么装配车间每天至少要组装多少台空调?

 笔记

(1)反比例函数的解析式为_____.

(2)反比例函数的定义域为_____.

(3)反比例函数的单调性为_____.

(4)反比例函数的对称性为_____.

评价

评价说明:这是你对自己学习本单元后的评价,只需在相应的星数下面打√,一颗星(★)表示在学习后仍有很多的困惑;两颗星(★★)表示一些知识能懂,但是还有一些知识不懂;三颗星(★★★)表示本单元知识已没有任何疑问.

指 标	★	★★	★★★
概念的理解			
情境1			
情境2			

本节的困惑:

_____

学后的感受:

_____

A 组

1. 一个矩形的面积为 $24cm^2$,则该矩形的长 $x$cm 与宽 $y$cm 之间的关系是什么?请写出函数表达式,若要求矩形的各边长均为整数,请画出所有可能的矩形.

2. 某人以 x m^3/s 的速度向蓄水池注入了体积为 $1m^3$ 的水,求注水的时间 y 与速度 x 之间的函数关系.

3. 某地计划用 120～180d(含 120 与 180d)的时间建设一项水利工程,工程需要运送的土石方总量为 360 万 m³.写出运输公司完成任务所需的时间 y(单位:d)与平均每天的工作量 x(单位:万 m³)之间的函数关系式,并给出自变量 x 的取值范围.

4. 某车队要把 4 000t 货物运到地震灾区(方案定后,每天的运量不变).从运输开始,每天运输的货物吨数 n(单位:t)与运输时间 t(单位:d)之间有怎样的函数关系?

B 组

1. 为预防"手足口病",某校对教室进行"药熏消毒".已知药物燃烧阶段,室内每立方米空气中的含药量(mg)与燃烧时间(min)成正比例;燃烧后,每立方米空气中的含药量与燃烧时间成反比例(见图 2-4).现测得药物 10min 燃烧完,此时教室内每立方米空气中的含药量为 8mg.据以上信息解答下列问题:

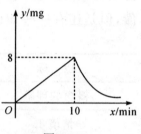

图 2-4

(1)求药物燃烧时每立方米空气中的含药量与燃烧时间的函数关系式.

(2)求药物燃烧后每立方米空气中的含药量与燃烧时间的函数关系式.

(3)当每立方米空气中的含药量低于 1.6mg 时,对人体方能无毒害作用,那么从消毒开始,经多长时间学生才可以回教室?

2. 某单位为响应政府发出的全民健身的号召,打算在长和宽分别为 20m 和 11m 的矩形大厅内修建一个 60m² 的矩形健身房 ABCD.该健身房的四面墙壁中有两侧沿用大厅的旧墙壁(右图 2-5 为平面示意图),已知装修旧墙壁的费用为 20 元/m²,新建(含装修)墙壁的费用为 80 元/m².

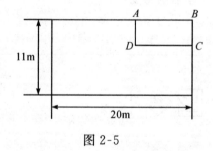

图 2-5

设健身房的高为 3m,一面旧墙壁 AB 的长为 xm,修建健身房的总投入为 y 元.

(1)求 y 与 x 的函数关系式;

(2)为了合理利用大厅,要求自变量 x 必须满足 $8\leqslant x\leqslant 12$.当投入资金为 4 800 元时,利用旧墙壁的总长度为多少米?

博览群书很重要　天才不一定能成才

（选自：丘成桐在北京师范大学附属中学成立 **110** 周年纪念典礼上的讲话）

我在 1960 年通过考试到香港培正中学读书.培正中学是一所非常有名的学校,而我的小学教育是在香港的乡村完成的,连最基本的英文和算术都不够水平,所以念中学一年级需要比较用功才能追上培正的课程.但是在乡下的学校闲散惯了,我始终提不起很大的兴趣念书.

所幸父母对我管教甚严.先父丘镇英,1935 年厦门大学政治经济学专业毕业,翌年进入日本早稻田大学大学院深造,专攻政治制度与政治思想史.先父当学院的教授时,学生常到家中论学,使我受益良多.

我 10 岁时,父亲要求我和我的大哥练习柳公权的书法,念唐诗、宋词,背诵古文.这些文章到现在我还可以背下来,做学问和做人的态度,在文章中都体现出来.

我们爱看武侠小说,父亲觉得这些小说素质不高,便买了很多章回小说,还要求孩子们背诵里面的诗词,比如《红楼梦》里的诗词.后来,父亲还让我读鲁迅、王国维、冯友兰等的著作,以及西方的书籍如歌德的《浮士德》等.这些书看起来与我后来研究的数学没有什么关系,但是这些著作中所蕴含的思想对我后来的研究产生了深刻的影响.

我小时候家里很穷,虽然父亲是大学教师,但薪水很低,家里入不敷出.我至今非常感激父母从来没有鼓励我为了追求物质生活而读书,总是希望我们有一个崇高的志愿.

他在哲学上的看法,尤其讲述希腊哲学家的操守,和寻求大自然的真和美,使我觉得数学是一个高尚而雅致的学科.父亲在所著《西洋哲学史》的引言中引用了《文心雕龙·诸子》篇的一段:"嗟夫,身与时舛,志共道申,标心于万古之上,而送怀于千载之下."这一段话激励我,使我立志清高,也希望有所创作,能够传诸后世.

我父亲一直关心着国家大事,常常教育子女,做人立志必须以国家为前提.我也很喜欢读司马迁的诗词.司马迁的"究天人之际"正可以来描述一个读书人

应有的志向.

一个学者的成长就像鱼在水中游泳,鸟在空中飞翔,树在林中长大一样,受到周边环境的影响.历史上未曾出现过一个大科学家在没有文化的背景里,能够创造伟大发明的.比如爱因斯坦年轻时受到的都是一流的教育.

有人自认为天赋很高,不读书就可以做出重要的题目,在我看来是没有意义的.四十多年来,我所接触的世界上知名的数学家、物理学家、社会学家还没有这样的天才.

最近有一位日本80后作家加藤嘉一在新书《中国的逻辑》中谈道,在中国知识非常廉价.中国的物价、房价都在涨,独书价不涨.书价便宜的原因是买书的人少.

中国的文化是很深厚的,如果年轻人不读书,几千年的文化就不能传承.不论经济怎么发展,但是文化不发展,中国都不可能成为大国.所以我希望大家多看书,看有意义的书,这是一件有意义的事情.

我参考了历史上著名学者的生平,发现大部分成名的学者都有良好的家庭背景.人的成长规律有很多,原因也有很多,相关的学术观点也莫衷一是.但是良好的家教,无论如何都是非常重要的.

童年的教育对一个孩子的影响是重要的,启蒙教育是不可替代的,它往往奠定一生事业的基础.

虽然一位家长可能受教育的程度不高,但是他在孩子很小的时候仍然能够培养孩子的学习习惯和学习乐趣.对孩子们来说,学到多少知识并不是最重要的.兴趣的培养,才是决定其终身事业的关键.

我小学的成绩并不理想,但我父亲培养了我学习的兴趣,成为我一生中永不枯竭的动力,可以学任何想学的东西.无论如何,学生回家以后,一定要有温习的空间和时间.遇到挫折的时候,需要家长的安慰和鼓励.这是很重要的事情.

第三讲 运动会与二次函数模型

10月中旬,学校召开了本年度秋季田径运动会.小张在初中一直是学校铅球比赛的奖牌获得者.所以本次运动会,他也理所当然地报名参加了铅球的比赛.经过精确的测量,铅球的行进高度 y(m) 与水平距离 x(m) 之间的关系可以用如图 3-1 所示的二次函数图象表示(铅球从 A 点被推出,实线部分表示铅球所经过的路线).

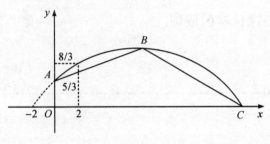

图 3-1

由所给的图象,求出此二次函数模型.

分析

观察图象,该图象给出了三个点的坐标,它们分别是 $(-2,0)$,$\left(0,\dfrac{5}{3}\right)$,$\left(2,\dfrac{8}{3}\right)$.所以求该函数的解析式可用一般式.

解:设此二次函数的解析式为 $y=ax^2+bx+c$ $(a\neq 0)$,把 $(-2,0)$,$\left(0,\dfrac{5}{3}\right)$,$\left(2,\dfrac{8}{3}\right)$ 三点代入该解析式,得

$$\begin{cases} 0 = a(-2)^2 + b(-2) + c, \\ \dfrac{5}{3} = 0 + 0 + c, \\ \dfrac{8}{3} = a \cdot 2^2 + b \cdot 2 + c. \end{cases}$$

解此方程组,得

$$\begin{cases} a = -\dfrac{1}{12}, \\ b = \dfrac{2}{3}, \\ c = \dfrac{5}{3}. \end{cases}$$

所以该二次函数的解析式为 $y = -\dfrac{1}{12}x^2 + \dfrac{2}{3}x + \dfrac{5}{3}$ $(x \geqslant 0)$.

> 提示:
>
> 二次函数的解析式主要有顶点式、两根式和一般式. 根据实际情况,利用其中的一种可以求出其解析式.

问题 2

求出小张本次铅球比赛的成绩.

笔记

若铅球到达的最大高度的位置为点 B,落地位置为点 C,求四边形 $OABC$ 的面积.

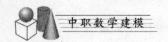

 情境 2

学校在运动会期间还进行了男子篮球的比赛,如图 3-2 所示,小张的同学甲正在投篮,已知球出手时离地面高 $\frac{20}{9}$ m,与篮圈中心的水平距离为 7m,当球出手后水平距离为 4m 时到达最大高度 4m,设篮球运行轨迹为抛物线,篮圈距地面 3m.

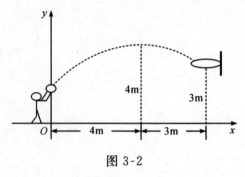

图 3-2

 问 题 1

根据图形所建立的平面直角坐标系,判断此球能否准确投中?

 分 析

该篮球运行轨迹为抛物线,即二次函数.已知该图象的最高点为 $(4,4)$,即顶点.故可以先用顶点式来求出该二次函数的解析式.球能否投进,只要看下点 $(7,3)$ 是否在该抛物线上即可.

解:根据题意,该抛物线的顶点坐标为 $(4,4)$,因此可设二次函数的解析式为
$$y=a(x-4)^2+4 \quad (a\neq 0),$$

把点 $\left(0,\frac{20}{9}\right)$ 代入,得

$$\frac{20}{9}=a(0-4)^2+4,$$

解之,得

$$a=-\frac{1}{9},$$

所以该抛物线的解析式为 $y=-\frac{1}{9}(x-4)^2+4 \quad (x\geqslant 0)$,

当 $x=7$ 时,$y=3$,故该球能准确投中.

 2

此时,若对方队员乙在甲面前 1m 处跳起盖帽拦截,已知乙的最大摸高为 3.1m,那么他能否成功盖帽?

笔记

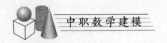 问题 3

若队员甲身高 1.7m,球出手时距头顶 0.3m,那么他需要跳起多高才能投中?(结果保留一位有效数字)

 笔记

要　点

(1)二次函数的解析式为_____.

(2)二次函数的定义域为_____.

(3)二次函数的单调性为_____.

(4)二次函数的对称性为_____.

评　价

评价说明:这是你对自己学习本单元后的评价,只需在相应的星数下面打√,一颗星(★)表示在学习后仍有很多的困惑;两颗星(★★)表示一些知识能懂,但是还有一些知识不懂;三颗星(★★★)表示本单元知识已没有任何疑问.

指　标	★	★★	★★★
概念的理解			
情境 1			
情境 2			

本节的困惑:

_____

学后的感受:

_____

练　习

A 组

1. 将进货单价为 8 元的商品按 10 元一个销售时,每天可卖出 100 个,若这种商品的销售价每上涨 1 元,则日销售量就减少 10 个,为了获取最大利润,问此商品销售价应定为每个多少元?

2. 矩形的周长为 10cm,它的面积 S 是宽 x 的函数,求此函数关系式.

3. 有 20m 长的篱笆材料,如果利用已有的一面墙(设长度够用)作为一边,围成一个矩形鸡场,问矩形的长、宽各为多少时,这个鸡场的面积最大?

4. 已知直角三角形两条直角边的和等于 10cm,求当这个直角三角形面积最大时,两条直角边的长及最大面积分别是多少?

5. 某租赁公司拥有汽车 100 辆,当每辆车的月租金为 3 000 元时,可全部租出,每辆车的月租金每增加 50 元时,未租出的车将会增加一辆,租出的车每辆每月需要维护费 150 元,未租出的车辆每月需要维护费 50 元.

(1) 当每辆车的月租金定为 3 600 元时,能租出多少辆车?

(2) 当每辆车的月租金定为多少元时,租赁公司的月收益最大,最大收益多少?

B 组

1. 为了保护环境,实现城镇绿化,某乡政府计划在矩形地块 $ABCD$ 上规划出一矩形 $PGCH$ 建造公园,要求公园一边落在 CD 上,但不能越过文物保护区 $\triangle AEF$ 的边 EF(见图 3-3),测得 $AE=AF=FD=100\text{m},BE=160\text{m}$. 问:$DG$ 为多长时,能使公园占地面积最大?最大面积为多少?

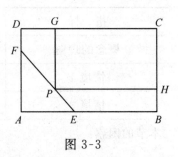

图 3-3

2. 某公司推出一新产品,其成本为 500 元/件. 经试销得知,当销售价为 650 元/件时一周可卖出 350 件;当销售价为 800 元/件时一周可卖出 200 件. 如果销售量 y 可近似地看成销售价 x 的一次函数 $y=kx+b$. 求销售价定为多少时,此新产品一周能获得的利润最大,并求最大利润.

3. 随着生活水平的提高,改善城市交通状况成了备受关注的民生问题. 专家研究发现,在一般情况下,大桥上的车流速度 v(单位:km/h)是车流密度 x(单位:辆/km)的函数. 当桥上的车流密度达到 200 辆/km 时就会造成堵塞,此时车流速度为 0;当车流密度不超过 20 辆/km 时,车流速度为 60km/h;研究表明,当 $20 \leqslant x \leqslant 200$ 时,车流速度 v 是车流密度 x 的一次函数.

(1) 当 $0 \leqslant x \leqslant 200$ 时,求函数 $v(x)$ 的表达式.

(2) 当车流密度 x 为多大时,车流量 $f(x)=x \cdot v(x)$(单位:辆/h)可以达到最大,并求出最大值(精确到 1 辆/h)(注:车流量是指单位时间内通过桥上某观测点的车辆数).

华裔天才数学家陶哲轩自述

摘自:《当代大数学家画传》　作者:玛丽安娜

　　我一直喜欢数学.记得在我两三岁时,总爱围着祖母转.她一边擦窗户,一边跟我玩游戏.她要我说出一个数字,比如说3,她就用清洁剂在窗子上喷出一个大大的3然后再擦掉.我觉得太好玩了.

　　我小时也有一些算术练习簿.它们都很简单,比如,像 $3+\square=7$ 这样的等式,问方框中是几?我觉得真是有趣.对我来说,数学是唯一让我奉为真理的:3加4就是7,合该如此.永远无人可以提出新兴概念而说老答案已经是不对的.我喜欢数学的明确理性,并视它如一种抽象的玩意.我只是在后来才意识到它是如何与现实世界相关,又如何可以应用到各种事情上.

　　我在澳大利亚长大.在儿时父母曾给我做过测试,在发现我有某些才能之后,他们为我安排了一些特殊课程.我交错着跳了几个年级.例如,在初二时我一边上英语课和体育课,一边上高三数学和高二物理.在高三时我已经上了大学的一些数学课程.我母亲不得不将我从高中接送到当地的大学.

　　这真是复杂.在某些课堂中同学与我差不多大,而在其他课堂中同学要比我大五岁,许多同学都比我高大和成熟.我21岁在加州大学洛杉矶分校第一次走上讲台教书时感到非常惊讶,因为那是头一次我成为教室里年纪最大的人.

　　我研究素数.素数是指那些只能被它自身和1整除的自然数,如2,3,5,7,11等.我与格林(Ben Green)证明的一件事情是,在素数中可以找到一个以算术级数著称的特定模式.你可以找到5个、10个、20个甚至是如你所愿的任意多个等距的素数.

　　素数已经被研究了三千多年,这主要是出于好奇心.大街上的普通人并不需要这些素数来做什么.但有趣的是,大约三四十年前人们发现,素数对密码学非常有用;事实上它比人们发现的其他代码都要好得多.今天,如果你使用自动取款机或在互联网上使用信用卡,它们就会将你的所有数据扰乱成某个基于素数性质的代码,因为这种代码是我们所知的最安全的代码之一.

　　数学在某方面类似于考古学.你也许会找到某个东西的一角,并由此判断它

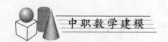

是有趣的. 于是你开始在别处挖掘, 又找到了非常相似的另一角, 你会想, 是否有更深的联系? 你继续挖掘, 最终发现了地下的结构. 当某些东西最终表明有意义时, 你有一种发现的激动.

我和许多优秀的聪明人一起工作, 从他们身上我学到很多. 但我无意说, 要想取得成功, 你必须是一个超级天才. 对许多真正优秀的数学家, 如果你突然出其不意地提出一个数学问题, 他们一开始的反应将是缓慢的, 你可以观察到他们在思考. 五到十分钟之后, 他们会提出一些确实好的建议, 他们也许不会非常敏捷, 但可以非常深刻.

每个人各有所长. 就像竞技体育一样, 有游泳健将也有马拉松长跑运动员. 游泳健将也许会令马拉松长跑运动员畏惧, 反之亦然, 但他们都有优秀的才能.

我一生中想解决的问题很多, 但其中有许多就像悬崖峭壁一样, 没有明显的路径可以攀登. 我正在研究那些较为可及的问题. 我希望积累更多的技巧、工具和洞见. 之后再回到那些我真正想解决的问题, 看看是否会有所改观, 偶尔它们会有轻微的退让. 这有点像钓鱼, 你可以是一个很好的垂钓者, 也可以选择鱼多的一个地方, 但你还是必须等待鱼儿上钩.

第四讲　人口与指数函数模型

 情境 1

　　某晚,小张在图书馆看新闻,一则消息映入眼帘:H 城(小张所在的城市)现有人口总数为 100 万人.假设该城市人口的年自然增长率为 1.2%,x 年后的人口数为 y(万人).试解答下面的问题.

 问题 1

　　写出该城市人口数 y 与年份 x 之间的函数关系.

 分析

　　由题意可知,该函数是个指数型函数.

　　解:根据题意,可得

$$y=100(1+1.2\%)^x,$$

　　所以

$$y=100 \cdot 1.012^x \quad (x>0).$$

 问题 2

　　计算 10 年以后该城市人口总数(精确到 0.1 万人).

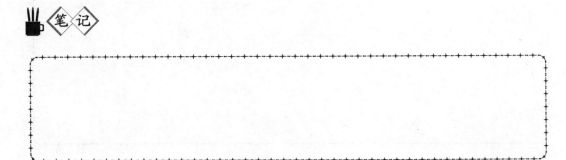 笔记

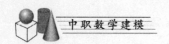

问题 3

计算大约多少年以后该城市人口将达到 120 万人（精确到 1 年）.

笔记

小张的父母未雨绸缪,考虑到小张几年后即将毕业,打算于 2022 年初在所生活的小镇上购买一套价值 50 万元人民币的商品房.为此,于 2017 年初开始每年年初存入一笔购房专用款 a 元,使其能在 2022 年初连本带息不少于 50 万元人民币.如果每年初的存款额相同,年利息按 4% 的复利计(精确到 0.01,参考数据:$1.04^6 \approx 1.265$).

按照这样的存法,计算本利和 y 随年数 x 变化的函数关系.

分析

2017 年初存入 a 元,过了 x 年为 $a(1+4\%)^x$ 元;2018 年初存入 a 元,过了 $x-1$ 年为 $a(1+4\%)^{x-1}$ …以此类推,则本利和应该是它们之和.

解:根据题意可得

$$y = a(1+4\%)^x + a(1+4\%)^{x-1} + \cdots + a(1+4\%),$$

利用等比数列的求和公式,得

$$y = 25a \cdot 1.04^{x+1} - 25a \cdot 1.04 \quad (x>0).$$

假设每年年初存入 8 万元,则 5 年后的本利和是多少?

笔记

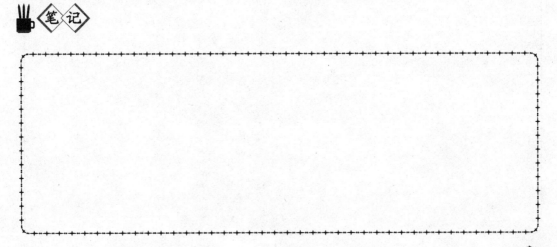

 问题 3

如果每年初的存款额相同,求每年至少须存入银行多少元人民币,才能达成购房意愿.

 笔记

(1)指数函数的解析式为 _____.

(2)指数函数的定义域为 _____.

(3)指数函数的单调性为 _____.

(4)指数函数的对称性为 _____.

评 价

评价说明:这是你对自己学习本单元后的评价,只需在相应的星数下面打√,一颗星(★)表示在学习后仍有很多的困惑;两颗星(★★)表示一些知识能懂,但是还有一些知识不懂;三颗星(★★★)表示本单元知识已没有任何疑问.

指 标	★	★★	★★★
概念的理解			
情境1			
情境2			

本节的困惑:

_____

学后的感受:

_____

A 组

1. 在一个国际象棋棋盘上放一些米粒,第1格放1粒米,第2格放2粒米,第3格放4粒米…一直到64格(后面一格的米粒数是前面一格的两倍).那么第64格应放多少粒米?

2. 一种放射性物质不断变化为其他物质,每经过一年剩留的质量约是原来的

84％.试写出这种物质的剩留量随时间变化的函数解析式.

3. 已知镭经过 100 年剩留原来质量的 95.76％,计算它约经过多少年剩留原来质量的一半(结果保留 4 位有效数字).

4. 仓库库存的某种商品价值是 50 万元,如果每年的损耗率是 4.5％(就是每年比上一年减少库存品价值的 4.5％),那么经过几年,它的价值降为 20 万元(结果保留两位有效数字)?

5. 某中职学校的学生人数每年平均增长率为 20％,大约经过多少年,该校的学生人数将翻一番?

B组

1. 牛奶保鲜时间因储藏温度的不同而不同,假定保鲜时间与储藏温度间的关系为指数函数,若牛奶放在 0℃ 的冰箱中,保鲜时间是 192h,而在 22℃ 的厨房中,保鲜时间则是 42h.

   (1)写出保鲜时间 y 关于储藏温度 x 的函数关系式;

   (2)利用(1)中的结论,指出温度在 30℃ 到 16℃ 的保鲜时间.

2. 设在离海平面高度 xm 处的大气压是 y kPa,y 与 x 的函数关系是

$$y＝Ce^{kx}$$

这里 C,k 都是常量.已知某地某天在海平面与 1 000m 高空的大气压强分别是 101kPa 及 90kPa,求在 600m 高空的大气压强,并求出大气压强是 96kPa 处的高度(结果都保留 2 位有效数字).

拓 展

刘路:我坚持了自己的兴趣

刘路,1989 年生,祖籍大连,身高 1.75m,体重 55kg.父亲在国有企业后勤部门工作,母亲是一家企业的工程师,良好的家庭环境培养了他对理工科尤其是数学的热爱.自认为"父母并没有给予他数学方面的遗传基因和教育,自己上小学时也没有对数学表现出特别的爱好"."如果要说我与同龄人有什么不同之处的话,那就是我对数学的特别关注""上初中时,一些同学还在为数学教科书上的习题抓耳挠腮时,我就开始自学数论了".

2008 年,刘路考入了中南大学数学科学与计算技术学院.据媒体描述,在学校里,他每天进出图书馆,每日在寝室阅读从图书馆借的全英文数学书籍,一直读到深夜.

大二时,刘路开始研究数理逻辑.

2010 年 8 月,酷爱数理逻辑的刘路在自学反推数学的时候,第一次接触到这个问题,并在阅读大量文献时发现,海内外不少学者都在进行反推数学中的拉姆齐二染色定理的证明论强度的研究.这是由英国数理逻辑学家西塔潘于 20 世纪 90 年代提出的一个猜想,10 多年来许多著名研究者一直都没有解决.

同年 10 月的一天,刘路突然想到利用之前用到的一个方法稍作修改便可以证明这一结论,连夜将这一证明写出来,投给了数理逻辑国际权威杂志——《符号逻辑杂志》.

2011 年 5 月,由北京大学、南京大学和浙江师范大学联合举办的逻辑学术会议在浙江师范大学举行,还是大三学生的刘路应邀参加了这次会议,报告了他对目前反推数学中的拉姆齐二染色定理的证明论强度的研究.刘路的报告对这一悬而未决的公开问题给予了一个肯定的回答,彻底解决了西塔潘的猜想.

为了让刘路尽快进入该领域的学习和研究工作,中南大学决定让他提前大学毕业,并立即录取为硕、博连读的研究生或直接攻读博士学位.

2011 年 7 月,中南大学博士生导师侯振挺教授了解刘路的情况后,千方百计为他创造条件,鼓励他参加有代表性的学术会议,并收他为徒,共同探讨学术问题.

中国科学院院士李邦河、丁夏畦、林群得知刘路的成就后,分别向教育部有关部门负责同志写信推荐刘路.在信中他们说,刘路同学在大三的时候就已经独立解决了重要的数学难题,可见他是难得一见的杰出数学人才.

2012 年,中南大学颁发给刘路 100 万元的奖励,其中 50 万元用于改善科研条件,50 万元用于改善生活条件.

第五讲 栽树与数列模型

 情境 1

光阴荏苒,转眼便到了植树节,小张和班里的小伙伴们去参加义务植树活动,他们需要将 50 棵树运到 500m 外的公路一侧沿路放置,自距离出发点 500m 的地方开始,每隔 5m 放一棵树,又知道运输车辆每次只能运 5 棵树.任务是要运送完这 50 棵树,并返回起点.

 问题 1

这是什么数列的模型?它的首项是多少?项数是多少?公差是多少?

 分析

由题意可知,相邻两次所行驶的距离的差是一个常数,所以这个数列应该是一个等差数列.

解: 如果我们把汽车行驶的一个来回作为一项.那么第一趟共行驶了
$$(500+5\times4)\times2=1\,040(\text{m}),$$
一次运 5 棵,共 50 棵,所以需要运
$$50\div5=10(\text{次}),$$
公差为
$$5\times5\times2=50(\text{m}).$$

所以,这是等差数列的模型,它的首项是 1 040,项数是 10,公差是 50.

 问题 2

试写出该模型的通项公式.

笔记

问 题 3

问卡车共行驶多少千米？

笔 记

 情境 2

忽冷忽热的春天是最容易感冒的季节,小张一不小心受到某种病毒的侵入而感冒了,小张从医生处了解到该病毒侵入人体后,其数量每 4h 增加 25％.据统计,当病毒数量达到 3 000 单位时,患者开始表现出比较明显的发病症状,当病毒数量达到 1 000 万单位时,就会致人死亡,如果用抗病毒药物进行治疗的话,每 4h 可消灭 30％的病毒.假设刚开始感染的时候只有 1 单位的病毒.

 问题 1

该问题可看做什么数列的模型? 首项是多少? 通项公式是多少? 公比是多少?

分析

根据题意,4h 之后的病毒数量是之前的 1.25 倍,即它们的比是一个常数,所以这个模型应该是一个等比数列.

解:根据题意,得

$$a_1 = 1, q = 1.25,$$

因此

$$a_n = a_1 q^{n-1} = 1.25^{n-1}.$$

所以,该问题可以看作等比数列模型,首项是 1,公比是 1.25,通项公式是 $a_n = 1.25^{n-1}$.

 问题 2

在第一个病毒侵入人体几小时后,会出现明显病状? 若不治疗,几天后会死亡?

笔记

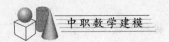

问题 3

若在病毒数量达到 2 万单位时开始治疗,约经过几天可使病毒数降到 3 000 单位以下?

(1)等差数列的概念为＿＿＿＿＿＿＿＿＿＿＿＿＿＿＿＿＿＿＿＿＿＿＿.

(2)等差数列的通项公式和求和公式分别是＿＿＿＿＿＿＿＿＿＿＿＿＿＿＿.

(3)等比数列的概念为＿＿＿＿＿＿＿＿＿＿＿＿＿＿＿＿＿＿＿＿＿＿＿.

(4)等比数列的通项公式和求和公式分别是＿＿＿＿＿＿＿＿＿＿＿＿＿＿.

评 价

评价说明:这是你对自己学习本单元后的评价,只需在相应的星数下面打√,一颗星(★)表示在学习后仍有很多的困惑;两颗星(★★)表示一些知识能懂,但是还有一些知识不懂;三颗星(★★★)表示本单元知识已没有任何疑问.

指 标	★	★★	★★★
概念的理解			
情境1			
情境2			

本节的困惑:

＿＿＿＿＿＿＿＿＿＿＿＿＿＿＿＿＿＿＿＿＿＿＿＿＿＿＿＿＿＿＿＿＿

学后的感受:

＿＿＿＿＿＿＿＿＿＿＿＿＿＿＿＿＿＿＿＿＿＿＿＿＿＿＿＿＿＿＿＿＿

A 组

1. 一个剧场共有18排座位,第一排有16个座位,往后每排都比前一排多2个座位,求该剧场座位的总数.

2. 某细菌每30min分裂一次(一个分裂为两个),经过5h,这种细菌有多少个?

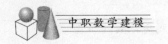

3.张师傅从 2010 年开始养鱼观赏,第一年养 1 尾,以后每一年新养的鱼都比前一年多 2 尾,求 2020 年养多少尾鱼?

4.某轧钢厂将一批长度为 125m 的带钢轧薄,每轧制一次带钢长度增加 $\frac{1}{5}$,则轧制 3 次后带钢长度变为多少?

5.某学校食堂为 1 000 名员工提供午餐,午餐分为中餐和西餐,第一天吃西餐的人数为 800 人,后因口味变化,平均每天有 20 人由吃西餐改为吃中餐,则第几天开始吃中餐的人数不少于吃西餐的人数?

6.打一口 20m 深的井,打到第 1m 深处需 40min,从第 1m 深处打到第 2m 深处需 50min,以后每深 1m 都比前 1m 多用 10min,则打完这口井总共用多少小时?

B 组

1.为加强校企合作力度,某职业学校汽修车间承接了 10 万只汽车轮胎螺帽的来料加工业务.实训主任拟定了两个方案:

方案一:学校计划由高二汽修技能班的学生进行加工,若第一天加工 800 只,随着技术的熟练,以后每一天比前一天多加工 150 只,问加工 30 天能否完成任务?

方案二:为使更多的学生掌握技能,拟加入一些普通班学生,采用师徒结对形式,第一天师傅带徒弟一起加工 100 只,技术熟练以后每天比前一天多加工 400 只,问加工 30 天能否完成任务?

如果你是决策者,选哪一种方案为最优?

2.小王家计划买一辆汽车,他们看中一款 15 万元的家庭轿车.假设每年应付保险费、汽油费等合计 1.2 万元,汽车的维修费第一年 3 000 元,第二年 6 000 元,第三年 9 000 元,以后每年依次成等差数列逐年增加.

(1)如果汽车使用 15 年报废,则每年的平均费用是多少?

(2)这种汽车使用多少年报废最合算?

3.某城市住房公积金 2016 年初的账户余额为 2 亿元人民币,当年全年支出 3 500 万元,收入 3 000 万元.假设以后每年的资金支出额比上一年多 200 万元,收入金额比上一年增加 10%,试求:

(1)2018 年,该城市的公积金应支出多少万元?收入多少万元?

(2)到 2025 年底，该城市的公积金账户余额为多少万元？

（可能有用的数据：$1.1^2 = 1.21$，$1.1^3 = 1.331$，$1.1^4 = 1.464$，$1.1^5 = 1.611$，$1.1^6 = 1.772$，$1.1^7 = 1.949$，$1.1^8 = 2.144$，$1.1^9 = 2.358$，$1.1^{10} = 2.594$，$1.1^{11} = 2.853$)

拓展

为了中华民族的富强——苏步青的故事

苏步青于 1902 年 9 月出生在浙江省平阳县的一个山村里．虽然家境清贫，可他的父母省吃俭用，拼死拼活也要供他上学．他在读初中时，对数学并不感兴趣，觉得数学太简单，一学就懂．可是，后来的一堂数学课影响了他一生的道路．

那是苏步青上初三时，他就读的学校来了一位刚从东京留学归来的教数学课的杨老师．第一堂课杨老师没有讲数学，而是讲故事．他说："当今世界，弱肉强食，世界列强依仗船坚炮利，都想蚕食瓜分中国．中华亡国灭种的危险迫在眉睫，振兴科学，发展实业，救亡图存，在此一举．'天下兴亡，匹夫有责'，在座的每一位同学都有责任．"他旁征博引，讲述了数学在现代科学技术发展中的巨大作用．这堂课的最后一句话是："为了救亡图存，必须振兴科学．数学是科学的开路先锋，为了发展科学，必须学好数学．"苏步青一生不知听过多少堂课，但这一堂课使他终生难忘．

杨老师的课深深地打动了他，给他的思想注入了新的兴奋剂．读书，不仅为了摆脱个人困境，而是要拯救中国广大的苦难民众；读书，不仅是为个人找出路，而是为中华民族求新生．当天晚上，苏步青辗转反侧，彻夜难眠．在杨老师的影响下，苏步青的兴趣从文学转向了数学，并从此立下了"读书不忘救国，救国不忘读书"的座右铭．一迷上数学，不管是酷暑隆冬还是霜晨雪夜，苏步青只知道读书、思考、解题、演算，4 年中演算了上万道数学习题．现在，温州一中（即当时的浙江省立十中）还珍藏着苏步青的一本几何练习簿，用毛笔书写，工工整整．中学毕业时，苏步青门门功课都在 90 分以上．

17 岁时，苏步青赴日留学，并以第一名的成绩考取东京高等工业学校，在那里他如饥似渴地学习着．为国争光的信念驱使苏步青较早地进入了数学的研究领域，在完成学业的同时，他写了 30 多篇论文，在微分几何方面取得令人瞩目的成果，并于 1931 年获得理学博士学位．获得博士学位之前，苏步青已在日本帝国

大学数学系当讲师,正当日本一所大学准备聘他去担任待遇优厚的副教授时,苏步青却决定回国,回到抚育他成长的祖国任教.回到浙大任教授的苏步青,生活十分艰苦.面对困境,苏步青的回答是:"吃苦算得了什么,我甘心情愿,因为我选择了一条正确的道路,这是一条爱国的光明之路啊!"

这就是老一辈数学家那颗爱国的赤子之心.

第六讲　测量与三角模型

 **情境 1**

三月,春暖花开,草长莺飞.小张和同学们在班主任的带领下来到学校的操场上进行风筝放飞比赛.

 **问题 1**

如图 6-1 所示,经测量,拿风筝线的手 B 离地面高度 AB 为 1.5m,风筝飞到 C 处时的线长 BC 为 30m,这时测得 $\angle CBD = 60°$.求此时风筝离地面的高度(精确到 0.1m,$\sqrt{3} \approx 1.73$).

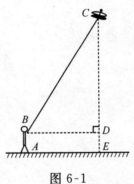

图 6-1

分析

该三角形为直角三角形,解直角三角形可以利用勾股定理,以及三角函数在直角三角形中的定义来求解.

解:在 $\triangle BCD$ 中,

$$\sin\angle CBD = \frac{CD}{BC},$$

所以

47

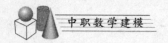
$$CD = BC\sin\angle CBD = 30 \cdot \frac{\sqrt{3}}{2} \approx 26.0(\text{m}),$$

$$CE = CD + DE = 26.0 + 1.5 = 27.5(\text{m}).$$

故风筝离地面的高度为 27.5m.

若测量得到风筝离地面的高度为 30m,地面到手的高度为 1.5m,$\angle CBD = 60°$. 求线长 BC.

若测得风筝飞到 C 处时的线长 BC 为 30m，这时测得 $\angle CBD = 60°$。风筝离地面的高度为 27.5m．求拿风筝线的手 B 处离地面高度．

笔记

情境 2

如图 6-2 所示,在东西方向的海岸线 MN 上有 A,B 两艘船,均收到已触礁搁浅的船 P 发出的求救信号,已知船 P 在船 A 的北偏东 $60°$ 方向,船 P 在船 B 的北偏西 $45°$ 方向,AP 的距离为 30 海里.

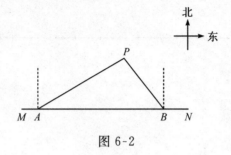

图 6-2

 问题 1

求船 P 到海岸线 MN 的距离(精确到 0.1 海里).

 分析

船 P 到海岸线 MN 的距离就是点 P 到 MN 的垂线段的长度.

解:过 P 作 $PQ \perp MN$ 于点 Q,

因为船 P 在船 A 的北偏东 $60°$ 方向,

所以

$$\angle PAB = 30°, PQ = \frac{1}{2}AP = 15(海里).$$

船 P 到海岸线 MN 的距离为 30 海里.

> 提示:
>
> 在直角三角形中,$30°$ 角所对的直角边等于斜边的一半.

 问题 2

求两船 A,B 间的距离(精确到 0.1 海里).

 笔记

 问题 3

　　若船 A、船 B 分别以 20 海里/h、15 海里/h 的速度同时出发,匀速直线前往救援,试通过计算判断哪艘船先到达船 P 处.

 笔记

 要 点

(1)解三角形是指 _____.

(2)正弦定理是 _____.

(3)余弦定理是 _____.

(4)三角形面积公式为 _____.

评 价

评价说明:这是你对自己学习本单元后的评价,只需在相应的星数下面打√,一颗星(★)表示在学习后仍有很多的困惑;两颗星(★★)表示一些知识能懂,但是还有一些知识不懂;三颗星(★★★)表示本单元知识已没有任何疑问.

指 标	★	★★	★★★
概念的理解			
情境1			
情境2			

本节的困惑:

_____

学后的感受:

_____

 练 习

A 组

1. 设 A,B 两点在河的两岸,测量者在与 A 同侧的河岸边选取测点 C,测得 AC 的距离是 $50\mathrm{m}$,$\angle BAC=75°$,$\angle ACB=60°$,求 A,B 两点间的距离(精确到 $0.1\mathrm{m}$).

2. 修筑道路需挖掘隧道,山的两侧分别是隧道口 A 和 B,如图 6-3 所示,在平地上选择适合测量的点 C,如果 $\angle C=60°$,$AC=450$m,$BC=550$m,试计算隧道 AB 的长度.

3. "五一"期间,小红到美丽的世界地质公园湖光岩参加社会实践活动,在景点 P 处测得景点 B 位于南偏东 $45°$ 方向;然后沿北偏东 $60°$ 方向走 100m 到达景点 A,此时测得景点 B 正好位于景点 A 的正南方向,如图 6-4 所示,求景点 A 与 B 之间的距离(结果精确到 0.1m).

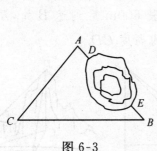

图 6-3

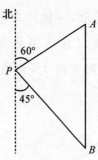

图 6-4

4. 如图 6-5 所示,课外活动中,小明在离旗杆 AB 10m 的 C 处,用测角仪测得旗杆顶部 A 的仰角为 $40°$,已知测角仪器的高 $CD=1.5$m,求旗杆 AB 的高(精确到 m).(供选用的数据:$\sin40°\approx0.64$,$\cos40°\approx0.77$,$\tan40°\approx0.84$)

5. 一艘船以 36 海里/h 的速度向正北方向航行,在 A 点处观察灯塔 S 在船的北偏东 $30°$,半小时后,船行驶到 M 处,再观察灯塔 S 在船的北偏东 $45°$处,如图 6-6 所示,求 M 处到灯塔 S 的距离.

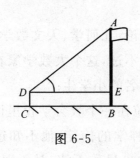

图 6-5

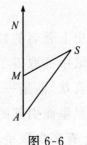

图 6-6

B 组

1. 如图 6-7 所示,某军港有一雷达站 P,军舰 M 停泊在雷达站 P 的南偏东 $60°$ 方向 36 海里处,另一艘军舰 N 位于军舰 M 的正西方向,与雷达站 P 相距 $18\sqrt{2}$ 海里.求:

(1)军舰 N 在雷达站 P 的什么方向？

(2)两军舰 M,N 的距离(结果保留根号)．

2. 目前世界上最高的电视塔是广州新电视塔．如图 6-8 所示，新电视塔高 AB 为 610m，远处有一栋大楼，某人在楼底 C 处测得塔顶 B 的仰角为 45°，在楼顶 D 处测得塔顶 B 的仰角为 39°．

(1)求大楼与电视塔之间的距离 AC．

(2)求大楼的高度 CD(精确到 1m)．

3. 如图 6-9 所示，一辆汽车在一条水平的公路上向正西行驶，到 A 处时测得公路北侧一山顶 D 在西偏北 30°的方向上，行驶 600m 后到达 B 处，测得此山顶在西偏北 75°的方向上，仰角为 30°，求此山的高度 CD．

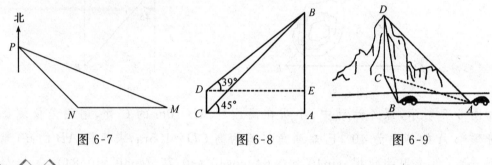

图 6-7　　　　　　图 6-8　　　　　　图 6-9

欧拉的故事

　　欧拉是数学史上著名的数学家,他在数论、几何学、天文数学、微积分等好几个数学的分支领域中都取得了出色的成就.不过,这个大数学家在孩提时代却一点也不讨老师的喜欢,他是一个被学校除了名的小学生.

　　事情是因为星星而引起的.当时,小欧拉在一个教会学校里读书.有一次,他向老师提问,天上有多少颗星星.老师是个神学的信徒,他不知道天上究竟有多少颗星星,圣经上也没有答案.其实,天上的星星数不清,是无限的.我们的肉眼可见的星星也有几千颗.这个老师不懂装懂,回答欧拉说:"天上有多少颗星星,这无关紧要,只要知道天上的星星是上帝镶嵌上去的就够了."

　　欧拉感到很奇怪:"天那么大,那么高,地上没有扶梯,上帝是怎么把星星一颗一颗镶嵌到天幕上的呢?上帝亲自把它们一颗一颗地放在天幕,他为什么忘记了星星的数目呢?上帝会不会太粗心了呢?"

他向老师提出了心中的疑问,老师又一次被问住了,涨红了脸,不知如何回答才好.老师的心中顿时升起一股怒气,这不仅是因为一个才上学的孩子向老师问出了这样的问题,使老师下不了台,更主要的是,老师把上帝看得高于一切.小欧拉居然责怪上帝为什么没有记住星星的数目,言外之意是对万能的上帝提出了怀疑.在老师的心目中,这可是个严重的问题.

在那个年代,对上帝是绝对不能怀疑的,人们只能做思想的奴隶,绝对不允许自由思考.小欧拉没有与教会、与上帝"保持一致",老师就让他离开学校回家.但是,在小欧拉心中,上帝神圣的光环消失了.他想,上帝是个窝囊废,他怎么连天上的星星也记不住?他又想,上帝是个独裁者,连提出问题都成了罪.他又想,上帝也许是个别人编造出来的家伙,根本就不存在.

回家后无事,他就帮助爸爸放羊,成了一个牧童.他一面放羊,一面读书.他读的书中,有不少数学书.

爸爸的羊群渐渐增多了,达到了 100 只.原来的羊圈有点小了,爸爸决定建造一个新的羊圈.他用尺量出了一块长方形的土地,长 40m、宽 15m,面积正好是 $600m^2$,平均每一头羊占地 $6m^2$.正打算动工的时候,他发现他的材料只够围 100m 的篱笆,不够用.若要围成长 40m、宽 15m 的羊圈,其周长将是 110m.父亲感到很为难,若要按原计划建造,就要再添 10m 长的材料;要是缩小面积,每头羊的面积就会小于 $6m^2$.

小欧拉却向父亲说,不用缩小羊圈,也不用担心每头羊的领地会小于原来的计划,他有办法.父亲不相信小欧拉会有办法,听了没有理他.小欧拉急了,大声说,只有稍稍移动一下羊圈的桩子就行了.

父亲听了直摇头,心想:"世界上哪有这样便宜的事情?"但是,小欧拉却坚持说,他一定能两全其美.父亲终于同意让儿子试试看.

小欧拉见父亲同意了,站起身来,跑到准备动工的羊圈旁.他以一个木桩为中心,将原来的 40m 边长截短,缩短到 25m.父亲着急了,说:"那怎么成呢?那怎么成呢?这个羊圈太小了,太小了."小欧拉也不回答,跑到另一条边上,将原来 15m 的边长延长,又增加了 10m,变成了 25m.经这样一改,原来计划中的羊圈变成了一个 25m 边长的正方形.然后,小欧拉很自信地对爸爸说:"现在,篱笆也够了,面积也够了."

父亲照着小欧拉设计的羊圈扎上了篱笆,100m 长的篱笆真的够了,不多不少,全部用光.面积也足够了,而且还稍稍大了一些.父亲心里感到非常高兴.孩子比自己聪明,真会动脑筋,将来一定大有出息.

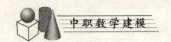

父亲感到,让这么聪明的孩子放羊实在是太可惜了.后来,他想办法让小欧拉认识了一个大数学家伯努利.通过这位数学家的推荐,1720年,小欧拉成了巴塞尔大学的大学生.这一年,小欧拉13岁,是这所大学最年轻的大学生.

第七讲　旅游与排列组合概率模型

 情境 1

　　四月春暖花开之季,小张和他的 3 个好朋友可不想让这美好的月份无声无息地溜走.他们趁着学校放春假,策划了一次春游活动,打算坐高铁从 A 城到 B 城去旅游.于是,问题来了.

问题 1

　　假设在 A 城和 B 城之间还有 5 个站点,那么从 A 城到 B 城共需要准备多少种不同的高铁票?又有多少种不同的票价呢?

分析

　　高铁票与票价是两个不同的概念.任意两城之间的高铁票需要两种,因为它们的起点、终点是不同的.而两城之间的票价是一样的,不管哪个城市是起点,哪个城市是终点.所以高铁票是排列问题,而票价属于组合问题.

　　解:
$$N = A_7^2 = 7 \times 6 = 42(\text{种}),$$
$$N = C_7^2 = \frac{7 \times 6}{2 \times 1} = 21(\text{种}).$$

　　所以,从 A 城到 B 城共需要准备 42 种不同的高铁票,有 21 种不同的票价.

问题 2

　　坐了近 2h 的高铁,他们终于抵达了 B 城,打算利用两天的时间游玩 4 个景点,则这 4 个景点不同的游玩顺序共有多少种?

笔记

　　在景点 S 处，4 个人在一家旅游商店各买了一张该景点的明信片，打算把它们寄出去，旁边有 3 个邮寄点，问：可以有多少种不同的投寄方法？

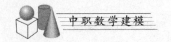 情境 2

小张旅游后回到 A 城,心情大好.他还多剩余了一点零用钱,便打算去买几张彩票.从大处讲是为国家的福利事业贡献一点微薄之力,从小处讲是想撞下运气,希望能中个大奖.

 问题 1

在甲彩票店,小张发现店里有一种最简单的玩法.一组彩票共有 10 000 张,每张卖 2 元,将产生一等奖 5 个,可以获得价值 1 000 元的手机一部;二等奖 10 个,可以获得价值 200 元的旅行背包一个;三等奖 50 个,可以获得价值 50 元的超市购物券一张.现小张打算花 10 元购买彩票,则他中一等奖的概率是多少?中奖的概率是多少?

 分析

这是概率的古典概型,随机事件 A 的概率 $P(A)=\dfrac{m}{n}$.

解:设事件 A:中一等奖,事件 B:中奖. 则

$$P(A)=\frac{5}{10\ 000}=\frac{1}{2\ 000},$$

$$P(B)=\frac{5+10+50}{10\ 000}=\frac{13}{2\ 000}.$$

所以,小张中一等奖的概率是 $\dfrac{1}{2\ 000}$,中奖的概率是 $\dfrac{13}{2\ 000}$.

 问题 2

小张打算购买"排列三"的彩票.玩法如下:排列三由三个数字随机组成,每个数字都可以是 0~9 这 10 个数字中的任意一个,数字相同并且顺序一致就可中奖,若小张购买一注,中奖的概率是多少?

 笔记

 问题 3

　　小张是一名足球爱好者,若他打算购买足球彩票.购彩者需对当轮比赛的 13 场比赛做出预测,也就是对每场比赛在"胜、负、平"三种结果中选择其一.猜中全部 13 场中一等奖,12 场中二等奖,11 场中三等奖.小张随机生成一张奖券,则他中奖的概率是多少?

 笔 记

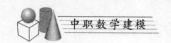

 要 点

(1)排列是指_____.

(2)组合是指_____.

(3)概率是指_____.

(4)古典概型的概率计算公式是_____.

 评 价

评价说明:这是你对自己学习本单元后的评价,只需在相应的星数下面打√,一颗星(★)表示在学习后仍有很多的困惑;两颗星(★★)表示一些知识能懂,但是还有一些知识不懂;三颗星(★★★)表示本单元知识已没有任何疑问.

指 标	★	★★	★★★
概念的理解			
情境 1			
情境 2			

本节的困惑:

_____

学后的感受:

_____

 练 习

A 组

1. 世界互联网大会乌镇峰会招募志愿者,现从某旅游职业学校 6 名优秀学生、2 名老师中选择 3 人作为志愿者,则其中至少有一位老师的选法有多少种?

2. 有 2 位老师和 4 位学生坐成一排照相,老师不能挨在一起的坐法共有多少种?

3. 一个班级有 40 人,从中选取 2 人担任学校卫生纠察队员,则选法共有多少种?

4. 在"剪刀、石头、布"游戏中,两个人分别出"石头"与"剪刀"的概率是多少?

5. 课外兴趣小组共有 15 人,其中 9 名男生,6 名女生,其中 1 名为组长,现要选 3 人参加数学竞赛,分别求出满足下列各条件的不同选法数:

(1) 要求组长必须参加.

(2) 要求选出的 3 人中至少有 1 名女生.

(3) 要求选出的 3 人中至少有 1 名女生和 1 名男生.

B 组

1. 一个不透明的袋中装有 20 个只有颜色不同的小球,其中 5 个黄球,8 个黑球,7 个红球. 求:

(1) 从袋中摸出一个球是黄球的概率.

(2) 现从袋中取出若干个黑球,搅匀后,使从袋中摸出一个小球是黑球的概率是 $\frac{1}{3}$,从袋中取出黑球的个数.

2. 某职业学校的王平、李强、张欣、周颖四位同学同时报考某一所高等职业技术学院,其被录取的情况有多少种? 若将这四位同学都保送到某三所高等职业技术学院,且要求每所学院至少有一人,则保送方案有多少种?

3. 某医院有 15 名医生,其中男医生有 8 名,现需选 3 名医生组成一个救灾医疗小组,问:

(1) 至少有一名男医生的选法有多少种?

(2) 在医疗小组中男、女医生都必须有的选法有多少种?

 拓 展

鸡兔同笼问题

鸡兔同笼这个问题,是我国古代著名趣题之一. 大约在 1 500 年前,《孙子算经》就记载了这个有趣的问题. 书中是这样叙述的:"今有鸡兔同笼,上有三十五头,下有九十四足,问鸡兔各几何?"

这四句话的意思是:有若干只鸡兔同在一个笼子里,从上方数,有 35 个头;

从下方数,有 94 只脚,求笼中各有几只鸡和兔? 你会解答这个问题吗? 你想明白《孙子算经》中是如何解答这个问题的吗?

解答思路:假如砍去每只鸡、每只兔一半的脚,则每只鸡就变成了"独角鸡",每只兔就变成了"双脚兔".这样,鸡和兔的脚的总数就由 94 只变成了 47 只;如果笼子里有一只兔子,则脚的总数就比头的总数多 1.因此,脚的总只数 47 与总头数 35 的差,就是兔子的只数,即 47－35＝12 只.显然,鸡的只数就是 35－12＝23 只了.

这一思路新颖而奇特,其"砍足法"也令古今中外的数学家们赞叹不已.这种思维方法叫作化归法.化归法就是在解决问题时,先不对问题采取直接的分析,而是将题中的条件或问题进行变形,使之转化,直到最终把它归成某个已经解决的问题.

第八讲　游泳与不等式模型

 情 境 1

暑假里,高温似火,是游泳的好时候.正好有同学约小张去游泳,小张打算步行至游泳馆.

 问 题 1

小张家到游泳馆的距离是 1 500m. 小张从 13:00 开始出发,到达游泳馆的时间预计在 13:40—13:50. 设小张的步长是 50cm. 那么小张的步行速度应该控制在每分钟几步范围之内?

📊 分 析

首先需要算出走这段路程所花的时间,然后利用路程、时间和速度之间的关系来计算即可.

解:
$$13:40-13:00=40(\text{min}),$$
$$13:50-13:00=50(\text{min}),$$

所需的步数为

$$1\ 500\div(50\div100)=3\ 000(\text{步}),$$

步速为

$$\left[\frac{3\ 000}{40},\frac{3\ 000}{50}\right]=[60,75].$$

故步数应该在每分钟 60 步到 75 步之间.

💡 问 题 2

小张抵达游泳馆后,发现该游泳池为长方形,容积是 4 800m³,深度是 3m. 如果游泳池池底的造价是 150 元/m²,池壁的造价是 120 元/m²,怎样设计此游泳

池,才能使总造价最低？最低总造价是多少？

笔 记

小张他们在游泳池里游了半小时左右,忽然听到有爆炸声,原来是附近的建筑物在实施爆破施工.假设导火索燃烧的速度是 0.8m/s,人跑开的速度是5m/s,为了使点火的施工人员在施工时能跑到 100m 以外的安全地区,导火索至少需要几米?

笔记

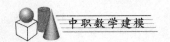 情 境 2

小张家购买的房子即将装修,在材料长度不变的情况下,父母想让房子尽量变得明亮一些,于是让小张设计合理的方案.

 问 题 1

如果制成周长为 9m 的钢制"口"字形窗户,试求窗户的最大面积及此时的底边长与侧边长.

 分 析

这是周长固定求面积最大的问题,而长方形的面积是由长与宽决定的,可以设底边长为 x m,则侧边长就可以求出,面积就能计算了.

解: 设窗户的底边长为 x m,则侧边长为 $\left(\dfrac{9}{2} - x\right)$ m,面积为 S. 则

$$S = x\left(\frac{9}{2} - x\right)$$

$$= -\left(x - \frac{9}{4}\right)^2 + \frac{81}{16} \quad \left(0 < x < \frac{9}{2}\right).$$

所以,当底边长和侧边长都是 $\dfrac{9}{4}$ m 时,窗户的面积最大,为 $\dfrac{81}{16}$ m².

 问 题 2

如果制成 9m 长的钢制"日"字形窗户,试求窗户的最大面积及此时的底边长与侧边长.

 笔 记

如果制成 9m 长的钢制"田"字形窗户,试求窗户的最大面积及此时的底边长与侧边长.

 要 点

(1)不等式是指 _____.

(2)均值定理是 _____.

(3)均值定理的推广形式为 _____.

(4)用不等式解决实际问题的步骤有 _____.

评 价

评价说明:这是你对自己学习本单元后的评价,只需在相应的星数下面打√,一颗星(★)表示在学习后仍有很多的困惑;两颗星(★★)表示一些知识能懂,但是还有一些知识不懂;三颗星(★★★)表示本单元知识已没有任何疑问.

指　标	★	★★	★★★
概念的理解			
情境 1			
情境 2			

本节的困惑:

_____

学后的感受:

_____

 练 习

A 组

1.某工厂生产的产品单价是 80 元,直接生产成本是 60 元.该工厂每月其他开支是 50 000 元.如果该工厂计划每月至少获得 200 000 元的利润,假定生产的全部产品都能卖出,问每月的产量至少是多少?

2. 某出版社出版一种书,固定成本是 50 000 元,每本的变动成本是 0.50 元,售价为 3.50 元,出版社要盈利,最低发行量是多少?

3. 小凌家到学校的距离是 2.1km,现在需要在 18min 内走完这段路.已知小凌步行速度为 90m/min,跑步速度为 210m/min.问小凌至少需要跑几分钟?

4. 假设某酒店有 200 张床位,若以 50 元/床的单价出租.每提高 10 元/床的标准,则出租的床位数就会减少 10 张,现酒店每晚收入需超过 15 000 元,则床位出租的价格应定在什么范围内?

5. bg 糖水中有 ag 糖($b > a > 0$),若再加入 mg 糖,则糖水更甜了,试根据这个事实列出一个不等式.

B 组

1. 设计一副宣传画,要求画面面积为 4 840cm²,画面的宽与高的比为 $a(a < 1)$,画面的上下各留出 8cm 的空白,左右各留出 5cm 的空白,怎样确定画面的高与宽的尺寸,能使宣传画所用纸张的面积最小?

2. 在一个限速 40km/h 的弯道上,甲、乙两车相向而行,发现情况不对,同时刹车,但还是相碰撞了,事发现场勘查得甲车的刹车距离略超过 12m,乙车的刹车距离略超过 10m,又知甲、乙两种车型的刹车距离 S(m)与车速 x(km/h)之间分别有如下关系:$S_{甲} = 0.1x + 0.01x^2$,$S_{乙} = 0.05x + 0.005x^2$,问:两车有无超速现象?

3. 某房地产开发公司用 100 万元购得一块土地,该土地可以建造每层面积为 1 000m² 的楼房.楼房的每平方米平均建筑费用与建筑高度有关,楼房每升高一层,整幢楼房每平方米建筑费用提高 20 元.已知建造 5 层楼房时,每平方米费用为 400 元,为了使该楼房每平方米的平均综合费用最低(综合费用是建筑费用与购地费用之和),公司应把楼层建成几层?

俭朴、勤奋与成才

古今中外一些卓越的数学家生活俭朴、治学勤奋的品德,对于今天的青少年仍具有现实的教育意义.

被人们誉为"数学之王"的德国数学家高斯的少年时代,家里穷得连灯都买

不起.他挖空一只萝卜,倒点油进去,再放进一根灯芯,就成为一盏别致的"萝卜灯".在这盏灯旁,高斯常常学习到深夜.高斯成名后,当上著名的哥廷根天文台台长,生活待遇优裕,但他仍保持着俭朴的生活习惯.在他的办公室里,仅放着一张白色的小桌,一个沙发和椅子,简单的食品和衣衫,再加一支蜡烛,这几乎就是高斯全部物质上的需要.高斯治学勤奋.为了进行木星摄动智神星的计算,用了三个多月的时间,进行了涉及 337 000 个数据的计算.由于长期不断使用对数表,以致他竟能背出表中所有对数的前几位小数.

牛顿的童年是不幸的,出世前三个月爸爸就去世了.两岁时,妈妈又改嫁到邻村.牛顿只好与外婆相依为命.他从不乱花钱,唯一的爱好就是搞一些小工艺,把零用钱聚起来,买了锯子、钉锤等一类工具,一放学就躲在房子里敲敲打打.牛顿学习时精神很专注,有一次煮鸡蛋,心里想着数学公式,竟误把手表当作鸡蛋丢进了锅里.还有一次,从早晨起就计算一个问题,中饭都忘了吃.当他感到肚子饿时,已暮色苍茫.他步出书房,一阵清风,感到异常的清新.突然想到:"我不是去吃饭吗?怎么走到庭院中来了!"于是他立即回头,又走进了书房.当他看到桌上摊开的算稿时,又把吃饭的事忘得一干二净,立即又伏案紧张地计算起来.

同学们都熟悉华罗庚教授少年时代刻苦学习的故事.抗战前,青年华罗庚在英国进修,废寝忘食.房东老夫妇对人说:"在所有留学生的房间中,华先生的灯是关得最晚的."抗战期间,华罗庚在西南联合大学教书,住在昆明郊区一个牛棚上面的"阁楼"里,牛在木桩上挨痒,"阁楼"也跟着摇晃起来.没有电灯,像高斯那样,他用一只空香烟筒做成一个简陋的油灯.就在这样艰苦的条件下,他写成了经典数学著作——《堆垒素数论》.

陈景润十分珍惜时间,他利用候车、排队买饭等零碎时间学会了英、俄、法、德四国文字.新中国成立初,他还在厦门大学读书,那时台湾常派飞机到福建沿海骚扰,他就带书在防空洞里,一看就是半天.

杨乐在中学时代,把解数学题当作是一种享受.从初二到高三的五年里,他做了一万多道题.这种勤奋的学习精神给他打下了坚实的数学基础.他深有体会地说:"杂技演员走钢丝的本领,是长年勤学苦练的结果.要想靠小聪明侥幸获得成功,那只能从钢丝上摔下来."

文明不等于奢侈,优势不应引来懒惰.现在同学们的生活条件比较好,但这应该成为我们更加奋发向上、不断进取的有利条件.时代要求我们成为有理想、有抱负的青少年.

第九讲　策划与线性规划模型

情境 1

一天,小张爸爸的一个朋友来到小张家,他是做化肥生意的,想让小张利用数学知识来帮助他们厂做下策划.现已知厂里库存磷酸盐 10t、硝酸盐 66t,在此基础上生产甲、乙两种化肥肥料.生产 1 车皮甲种肥料需要磷酸盐 4t、硝酸盐 18t;生产 1 车皮乙种肥料需要磷酸盐 1t、硝酸盐 15t.一车皮甲化肥可以获利 1 万元,一车皮乙化肥可以获利 0.5 万元.

问题 1

想办法列出满足生产条件的数学关系式.

分析

在这个问题中,由于厂里库存磷酸盐 10t、硝酸盐 66t.所以磷酸盐的总量不能超过 10t,硝酸盐的总量不能超过 66t.同时应该考虑实际的情况.

解:设 x,y 分别为计划生产甲、乙两种混合肥料的车皮数,于是满足以下条件:

$$\begin{cases} 4x+y\leqslant 10, \\ 18x+15y\leqslant 66, \\ x\geqslant 0, \\ y\geqslant 0. \end{cases}$$

问题 2

根据数学关系式画出相应的平面区域.

分别生产甲、乙化肥多少车皮才能使获得的利润最大?

中职数学建模

情境 2

小张在校 4 年学业结束后,进入当地一家家电企业的市场部进行实习,根据市场调查分析后,决定调整产品生产方案,准备每周(按 40 个工时计算)生产空调器、彩电、冰箱共 120 台,且冰箱至少生产 20 台.已知生产这些家电产品每台需工时和每台产值表 9-1 所示。

表 9-1

家电名称	空调器	彩电	冰箱
工时	$\frac{1}{2}$	$\frac{1}{3}$	$\frac{1}{4}$
产值/千元	4	3	2

想办法列出满足生产条件的数学关系式.

分析

本题存在三个变量:空调器、彩电和冰箱.但是三者之和为 120,所以仍可视作两个变量的问题.若设每周生产空调器 x 台、彩电 y 台,则冰箱可以表示为 $(120-x-y)$ 台.根据题意,列出相应的条件.

解:设每周生产空调器 x 台、彩电 y 台,则冰箱为 $(120-x-y)$ 台,于是应该满足以下条件:

$$\begin{cases} \frac{1}{2}x+\frac{1}{3}y+\frac{1}{4}(120-x-y)\leqslant 40, \\ 120-x-y\geqslant 20, \\ x\geqslant 0, \\ y\geqslant 0. \end{cases}$$

即

$$\begin{cases} \frac{1}{4}x+\frac{1}{12}y\leqslant 10, \\ x+y\leqslant 100, \\ x\geqslant 0, \\ y\geqslant 0. \end{cases}$$

 2

根据数学关系式画出相应的平面区域.

笔 记

每周应生产空调器、彩电、冰箱各多少台,才能使产值最高? 最高产值是多少?

笔记

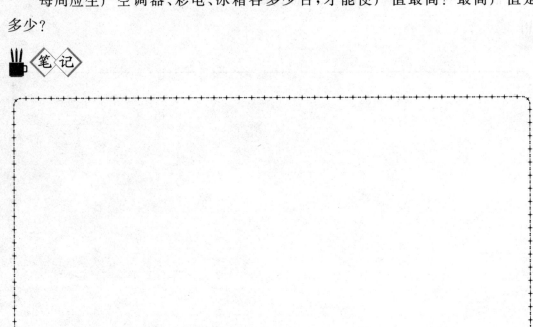

(1)线性规划是指_____.

(2)目标函数是指_____.

(3)可行解是指_____.

(4)可行域是指_____.

评价

评价说明:这是你对自己学习本单元后的评价,只需在相应的星数下面打√,一颗星(★)表示在学习后仍有很多的困惑;两颗星(★★)表示一些知识能懂,但是还有一些知识不懂;三颗星(★★★)表示本单元知识已没有任何疑问.

指　标	★	★★	★★★
概念的理解			
情境1			
情境2			

本节的困惑:

_____

学后的感受:

_____

A 组

1.画出不等式 $x+4y<4$ 表示的平面区域.

2.用平面区域表示不等式组 $\begin{cases} y<-3x+12 \\ x<2y \end{cases}$ 的解集.

3. 一个小型家具厂计划生产两种类型的桌子 A 和 B. 每类桌子都要经过打磨、着色、上漆三道工序. 桌子 A 需要 10min 打磨，6min 着色，6min 上漆；桌子 B 需要 5min 打磨，12min 着色，9min 上漆. 如果一个工人每天打磨和上漆分别至多工作 450min，着色每天至多工作 480min，请你列出满足生产条件的数学关系式，并在直角坐标系中画出相应的平面区域.

4. 要将两种大小不同的钢板截成 A，B，C 三种规格，每张钢板可同时截得三种规格的小钢板的块数如表 9-2 所示.

表 9-2

	A 规格	B 规格	C 规格
第一种钢板	2	1	1
第二种钢板	1	2	3

现需要 A，B，C 三种规格的成品分别各 15，18，27 块，用数学关系式和图形表示上述要求.

5. 某公司租赁甲、乙两种设备生产 A，B 两类产品，甲种设备每天能生产 A 类产品 5 件和 B 类产品 10 件；乙种设备每天能生产 A 类产品 6 件和 B 类产品 20 件. 已知甲种设备每天的租赁费为 200 元，乙种为 300 元. 现该公司至少要生产 A 类产品 50 件，B 类产品 140 件，求所需租赁费的最少值.

B 组

1. 某工厂生产甲、乙两种产品，已知生产甲种产品 1t，需矿石 4t，煤 3t；生产乙种产品 1t，需矿石 5t，煤 10t. 每 1t 甲种产品利润是 7 万元，乙种是 12 万元. 工厂在生产两种产品的计划中，要求消耗矿石不超过 200t，煤不超过 300t. 求甲、乙两种产品各生产多少时，才能使利润达到最大？

2. 某公司计划 2019 年在甲、乙两个电视台做总时间不超过 300min 的广告，广告总费用不超过 9 万元，甲、乙电视台的广告收费标准分别为 500 元/min 和 200 元/min，规定甲、乙两个电视台为该公司所做的每分钟广告，能给公司带来的收益分别为 0.3 万元和 0.2 万元. 问该公司如何分配在甲、乙两个电视台的广告时间，才能使公司的收益最大，最大收益是多少万元？

3. 某中职学校某班举行元旦文艺晚会,布置会场要制作"中国结",班长购买了甲、乙两种不同的彩绳,把它们截成 A,B,C 三种规格.甲种彩绳每根 8 元,乙种彩绳每根 6 元,若每根彩绳可同时截得三种规格彩绳的根数如表 9-3 所示.

表 9-3

	A 种规格	B 种规格	C 种规格
甲种彩绳	2	1	1
乙种彩绳	1	2	3

现需 A,B,C 三种规格的彩绳各 15、18、27 根,问各截这两种彩绳多少根,可使所需三种彩绳的花费最少?

菲尔兹奖介绍

菲尔兹奖是以已故的加拿大数学家、教育家 J. C. 菲尔兹(Fields)的姓氏命名的.

J. C. 菲尔兹,1863 年 5 月 14 日生于加拿大渥太华.他 11 岁丧父、18 岁丧母,家境不算太好,J. C. 菲尔兹 17 岁进入多伦多大学攻读数学,24 岁时在美国的约翰·霍普金斯大学获博士学位,26 岁任美国阿格尼大学教授.1892 年到巴黎、柏林学习和工作.1902 年回国后执教于多伦多大学.1907 年,当选为加拿大皇家学会会员.他还被选为英国皇家学会、苏联科学院等许多科学团体的成员.

作为一个数学家,J. C. 菲尔兹的工作主要集中在代数函数方面,并有一定建树.例如,他证明了黎曼-罗赫定理等.他的主要成就,在于他对数学事业的远见卓识、组织才能和勤恳的工作,促进了 20 世纪数学家之间的国际交流,从而名垂数学史册.J. C. 菲尔兹强烈地主张数学发展应是国际性的,他对于数学的国际交流的重要性,对于促进北美洲数学的发展都抱有卓越的见解并满腔热情地作出了很大的贡献.为了使北美洲数学迅速发展赶上欧洲,是他第一个在加拿大推进研究生教育,也是他全力筹备并主持了 1924 年在多伦多召开的国际数学家大会(这是在欧洲之外召开的第一次国际数学家大会),正是这次大会使他过分劳累,

从此健康状况再也没有好转,但这次大会对于促进北美洲数学发展和数学之间的国际交流,确实产生了深远的影响.当他得知这次大会的经费有结余时,他就萌发了把它作为基金设立一个国际数学奖的念头.他为此积极奔走于欧美各国谋求广泛支持,并打算于 1932 年在苏黎世召开的第九次国际数学家大会上亲自提出建议.但不幸的是未等到大会开幕他就去世了.J.C.菲尔兹在去世前立下了遗嘱,他把自己留下的遗产加到上述剩余经费中,由多伦多大学数学系转交给第九次国际数学家大会,大会立即接受了这一建议.

J.C.菲尔兹本来要求奖金不要以个人、国家或机构来命名,而用"国际奖金"的名义.但是参加国际数学家大会的数学家们为了赞许和缅怀 J.C.菲尔兹的远见卓识、组织才能和他为促进数学事业国际交流所表现出的无私奉献的伟大精神,一致同意决定命名为菲尔兹奖.

第一次菲尔兹奖颁发于 1936 年,当时并没有在世界上引起多大注意.连许多数学专业的大学生也未必知道这个奖,科学杂志也不报道获奖者及其业绩.然而 30 年以后的情况就完全不一样了.每次国际数学家大会的召开,从国际主权威性的数学杂志到一般性的数学刊物,都争相报道获奖人物.菲尔兹奖的荣誉不断提高,终于被人们确认:对于青年人来说,菲尔兹奖是国际上最高的数学奖.

菲尔兹奖的一个最大特点是奖励年轻人,只授予 40 岁以下的数学家(这一点在刚开始时似乎只是个不成文的规定,后来则正式做出了明文规定),即授予那些能对未来数学发展起重大作用的人.

菲尔兹奖是一枚金质奖章和一千五百美元的奖金,就奖金数目来说与诺贝尔奖奖金相比可以说是微不足道.但为什么在人们的心目中,它的地位竟如此崇高呢?主要原因有三:第一,它是由数学界的国际权威学术团体——国际数学联合会主持,从全世界的第一流青年数学家中评定、评选出来的;第二,它是在每隔四年才召开一次的国际数学家大会上隆重颁发的,且每次的获奖者仅 2~4 名(一般只有 2 名),因此获奖的机会比诺贝尔奖还要少;第三,也是最根本的一条是由于得奖人的出色才干,赢得了国际社会的声誉.正如 20 世纪的著名数学家 C.H.H.外尔,对 1954 年两位获奖者的评介:他们"所达到的高度是自己未曾想到的""自己从未见过这样的明星在数学天空中灿烂升起""数学界为你们二位所做的工作感到骄傲"从而证明了菲尔兹奖对青年数学家来说,是世界上最高的国际数学奖.

菲尔兹奖的授奖仪式,都在每次国际数学家大会开幕式上隆重举行,先由执委会主席(即评委会主席)宣布获奖名单,接着由东道国的重要人物(当地市长、所在国科学院院长甚至总统)、评委会主席或众望所归的著名数学家授予奖章和奖金.最后由一些权威数学家逐一简要评价得奖人的主要数学成就.

参 考 文 献

[1]朱文芳.具有区别化的国家高中数学教育标准——俄罗斯数学教育的特色
   [J].教育理论与实践,2010(2).

[2]张奠宙,李士锜,李俊.数学教育学导论[M].北京:高等教育出版社,2003.

[3]冯永明,张启凡.对"中学数学建模教学"的探讨[J].数学教育学报,2000(2).

[4]丘成桐.博览群书很重要 天才不一定能成才[J].课外语文,2015(5).

[5]玛丽安娜·库克.当代大数学家画传[M].林开亮,等,译.上海:上海科学技
   术出版社,2015.

[6]桂杰.刘路:我坚持了自己的兴趣[J].青年科学,2012(5).

[7]吕学兵.数学家的故事——苏步青[J].初中生世界,2016(5).

[8]陈建忠.高职考:数学总复习[M].成都:电子科技大学出版社,2018.

附　　录

"中职数学建模"课程标准

"中职数学建模"是学校在开设"中职数学"必修课之外,在全校范围内开设的一门公共选修课,本课程通过向学生展示各种实际领域中的数学问题和数学建模方法,通过对一系列来自不同领域的实际问题的提出、分析、建模和求解的学习与训练,提高学生分析问题、解决问题和计算机应用的能力.

一、课程设计理念

1. 培养学生的"表达"能力

本课程用数学语言将实际问题抽象化,形成数学模型,应用数学的理论进行推导和验算,并用较通俗的语言表达出来,只有把想法、模型表达出来,学生才可以接受、认可.

2. 培养学生对实际问题的联想与归纳能力

对于不同的实际问题,可以提炼出相同或相似的数学模型,例如,商品房的购置问题可以推广为汽车的选购、电脑的选购等,这也正是数学应用的推广.

3. 培养学生独立思考能力和洞察力

在数学建模中,经过锻炼可以培养学生一眼看出问题要点的能力,遇到题目能够独立思考解决.例如,在椅子问题中,假设椅子的四角与地面的接触地是正方形,因为正方形有对称性,所以四角距离只需计算两个即可,迅速抓住问题的关键.

4. 培养学生分析和解决实际问题的能力

学生将学过的数学知识串联在一起灵活应用,在数学建模中反复应用数学方法对实际问题进行分析、理解、推理和计算,才能找出最适合的数学模型,求出模型的最优解,所以可以提高学生解决实际问题的能力.

5. 培养学生的团队合作能力

很多数学建模的完成,并不是单独一个人能完成的,它需要一个团队的合

作,要求同一团队的学生各有优势,各具有某方面的能力,最终达到优势互补.

二、课程设计思路

根据课程的设计理念确立中职学生"中职数学建模"课程的培养目标,根据培养目标和学生认知程度,在教学内容的构建中采用工作式体系.第一,数学理论与实际应用并重,既重视理论的完整性又兼顾应用的适用性;第二,教学中力图贯穿现代教育思想,以介绍数学建模思想为主线,强调从事现代科研活动的能力和相关素质的培养;第三,培养学生从整体把握事物特征的能力,重视激发学生的原创性冲动,唤醒学生进行创造性工作的意识;第四,加强实践环节训练,训练学生建立数学模型解决实际问题的能力,独立、开阔的思考能力和勇于创新的精神和意识;第五,加强实验环节,将理论教学和实践实验环节相结合,将数学理论和计算机实践操作结合,统筹安排理论教学和建模实验设置内容.

三、课程设计目标

本课程是将实际问题依其自身的特点和规律,经过去粗取精、去伪存真、抓住主要矛盾,进行抽象简化和合理假设,用数学的语言和方法转化为数学问题,然后选择适当的数学方法和工具,给予数学的分析与解答,再将所给出的结果返回到实际问题中去进行检验,符合实际则数学建模成功,否则再从头开始,如此反复多次,直至通过实践检验为止.数学模型是架于数学理论和实际问题之间的桥梁,数学建模是应用数学解决实际问题的重要手段和途径.本课程通过大量实例介绍数学建模的全过程.

1. 知识与技能

(1)掌握正比例函数和一次函数的关系;理解并掌握一次函数的性质.

(2)理解并掌握二次函数的图象和性质;了解二次函数与一元二次方程、一元二次不等式之间的关系.

(3)掌握指数函数的定义、图象、性质及其简单的应用.

(4)能够应用等差数列、等比数列的知识解决简单的实际问题.

(5)能够根据实际问题中的数量关系,列一元一次不等式组解决实际问题.

(6)掌握仰角、俯角等概念,能用正、余弦定理解决实际生活中的测量问题.

(7)能将实际问题转化成线性规划问题,会准确寻找整点最优解.

(8)掌握排列、组合的概念,能用排列与组合知识解决简单的实际问题.

2. 过程与方法

(1)培养学生数形结合研究函数性质的能力,渗透平移变换的数学思想.

(2)通过教学,使学生初步掌握通过数形结合研究一次函数、反比例函数、二次函数和指数函数的方法.

(3)通过解决实际问题,培养学生分析问题、解决问题的能力,渗透数学建模的思想.

(4)通过例题教学,使学生学会从数学的角度认识问题、理解问题、提出问题,学会从实际问题中抽象出数学模型.

3. 情感、态度、价值观

(1)体验数学的严谨性,培养学生理性分析问题的良好习惯.

(2)渗透数形结合思想,渗透由特殊到一般的辩证唯物主义观点,培养学生观察分析、类比抽象的能力.

(3)培养学生勇于发现、勇于探索、勇于创新的精神;培养独立思考等良好的个性品质.

(4)使学生认识到数学与人类生活的密切联系,培养学生应用所学数学知识解决实际问题的意识.

在课程实施过程中,知识与技能、过程与方法、情感态度与价值观等方面的目标是一个不可分割的整体,应注意融合与协调,努力实现三者的有机统一.

四、课程教学大纲

第一讲　开车与一次函数模型

知识内容	认知要求			说　明
	了解	理解	掌握	
一次函数的概念	√			(1)从实例引出一次函数的概念
一次函数的图象		√		(2)通过函数的图象,理解一次函数的性质
一次函数的性质		√		
一次函数的应用			√	(3)重点是一次函数的性质与应用

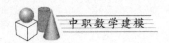

第二讲　建园与反比例函数模型

知识内容	认知要求			说　明
	了解	理解	掌握	
反比例函数的概念	√			(1)从实例引出反函数的概念
反比例函数的图象		√		(2)通过函数的图象,理解反比例函数的性质
反比例函数的性质		√		(3)重点是反比例函数的性质与应用
反比例函数的应用		√		

第三讲　运动会与二次函数模型

知识内容	认知要求			说　明
	了解	理解	掌握	
二次函数的概念	√			(1)从实例引出二次函数的概念
二次函数的图象		√		(2)通过函数的图象,理解二次函数的性质
二次函数的性质		√		(3)重点是二次函数的性质与应用
二次函数的应用			√	

第四讲　人口与指数函数模型

知识内容	认知要求			说　明
	了解	理解	掌握	
指数函数的概念	√			(1)从实例引出指数函数的概念
指数函数的图象		√		(2)通过函数的图象,理解指数函数的性质
指数函数的性质		√		(3)重点是指数函数的性质与应用
指数函数的应用			√	

第五讲　栽树与数列模型

知识内容	认知要求			说　明
	了解	理解	掌握	
等差数列、等比数列的概念	✓			(1)从实例引出等差数列、等比数列的概念
等差数列、等比数列的通项		✓		(2)通过等差数列、等比数列的通项,理解等差数列、等比数列的性质
等差数列、等比数列的求和		✓		
等差数列、等比数列的应用			✓	(3)重点是等差数列、等比数列的应用

第六讲　测量与三角模型

知识内容	认知要求			说　明
	了解	理解	掌握	
解三角形的概念	✓			(1)从实例引出解三角形的概念
正弦定理		✓		(2)理解正弦定理与余弦定理
余弦定理		✓		(3)重点是正弦定理、余弦定理的应用
正弦定理、余弦定理的应用			✓	

第七讲　旅游与排列组合概率模型

知识内容	认知要求			说　明
	了解	理解	掌握	
排列、组合、概率的概念	✓			(1)从实例引出排列、组合、概率的概念
排列数		✓		(2)理解排列数、组合数公式
组合数		✓		(3)重点是排列、组合、概率的应用
排列、组合、概率的应用			✓	

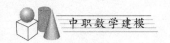

第八讲　游泳与不等式模型

知识内容	认知要求			说　明
	了解	理解	掌握	
不等式的概念	√			(1)从实例引出不等式的概念
均值定理		√		(2)理解均值定理
均值定理的应用			√	(3)重点是均值定理的应用

第九讲　策划与线性规划模型

知识内容	认知要求			说　明
	了解	理解	掌握	
线性规划的概念	√			(1)从实例引出线性规划的概念
二元一次不等式(组)表示的平面区域		√		(2)理解二元一次不等式(组)表示的平面区域
求解最优解		√		(3)重点是线性规划的应用
线性规划的应用			√	

五、课程教学内容

第一讲:开车与一次函数模型

第二讲:建园与反比例函数模型

第三讲:运动会与二次函数模型

第四讲:人口与指数函数模型

第五讲:栽树与数列模型

第六讲:测量与三角模型

第七讲:旅游与排列组合概率模型

第八讲:游泳与不等式模型

第九讲:策划与线性规划模型

六、课程实施建议

1. 教学实施建议

多与学生进行互动交流,营造和谐的教学环境;多设置实例教学,内容设置以学生的能力范围为主;加入 MATLAB 软件的学习,解决一些平时动手难以解决的问题;以小组合作学习的方式开展教学,引导学生进行探索和思考.

2. 教学方法和手段建议

教学建模方法的教学需要分阶段进行展开,遵循由简单到复杂,由容易到困难的阶梯状教学模式.其中,由容易到复杂分为:初级建模、典型建模与综合建模三个部分.

实施多样化的教学方式,个性化的教学设计,多种教学方法的灵活综合运用.

(1)探究式教学法.教学过程中有意识地训练学生的发散思维与猜测思维能力,鼓励学生多一些想法,多一些猜测.

(2)问答式教学法.在讲课过程中,针对某一教学内容设计一连串的问题,一个问题紧接一个问题,一环紧扣一环,层层深入,由表及里,让学生思考、回答,教师在关键的地方进行启发点拨,最后进行适当的总结,在一问一答过程中,促进对学生分析问题、思考问题、解决问题能力的培养.

(3)研讨式教学法.通过研讨式教学,课堂内外采用训练学生集体创新思维的方式,培养学生的群体思维能力.将学生分为 3～5 人一组,采用分组讨论和集体讨论相结合的方式.鼓励学生积极参与,提出见解,勇于争辩.研讨课后让学生以小组为单位,提交书面报告或论文,将自己的思想清楚地用书面语言表述出来.

(4)案例式教学法.通过对典型例题的剖析,使学生亲历发现问题、认识问题和解决问题的过程.展示各种不同数学方法及建模技巧的应用,使学生体验数学建模的基本流程,掌握数学建模的基本方法.

3. 教学评价建议

对学生的课程学习既要有统一的、阶段性的评价,如某一项目教学结束之后的测试或对作品的评价,又要在学生的学习过程中根据具体情况予以日常性的随机评价.要善于捕捉评价的最佳时机,要关注学生在设计和制作关键环节中的表现,要关注学生在学习制作中的独特想法、取得的重要进展,并采取相应的评

价措施.评价不仅要关注学生技术学习的结果,更要注重学生在技术活动过程中的收获和对技术思想和方法的理解及体验,应把学生在技术学习过程中的参与程度、参与水平和情感态度等作为评价的重要指标,要通过有针对性的评价改善教师的教学,使所有学生在原有基础上都得到发展.

本课程分为过程考核和终端考核.过程考核又分为项目考核和课堂表现考核.项目考核为每个项目5分,合计45分;课堂表现考核为55分,合计100分.终端考核为学期结束时的考核,学生在规定的时间内完成两个数学建模题目,每个50分,合计100分.考核架构如下图所示.

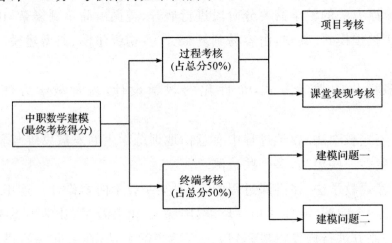